DIESES BUCH GEHÖRT:

ISBN 3-88117-048-0
VVA 28000048-5

Printed in Germany
Imprimé en Allemagne
Gesamtherstellung: Druckhaus Tecklenborg, Borghorst
Einband und Inhalt Musterschutz beim Amtsgericht Münster

Gisela Allkemper

RUND UM DIE MILCH

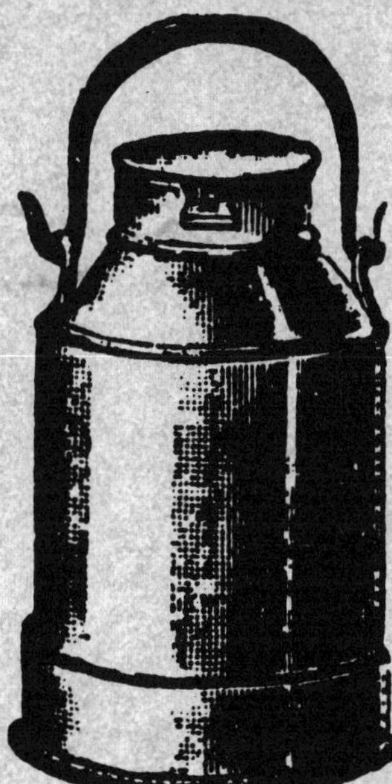

Verlag Hölker

INHALT

Le Marchand de Beurre Finlandois

VORWORT

Milch – ist sicher das beliebteste Getränk der Welt! In jedem Lebensalter schätzen wir sie und schöpfen Gesundheit aus diesem herrlichen Getränk. Ob im Babyalter, beim Leistungssport oder bei der Arbeit – Millionen Menschen auf unserem Erdball schwören auf Milch.

Aber nicht nur als Getränk, auch zur Zubereitung und Verfeinerung von Speisen ist Milch nicht zu ersetzen. So außergewöhnlich und vielseitig wie Milch ist auch dieses Buch.

Es soll allen Freude bereiten und informieren: »Rund um die Milch«. Wir wünschen und hoffen, daß Ihnen die zahlreichen Rezepte, Tips und Anregungen in diesem Buch gefallen, daß Sie in den Kapiteln Milch-Sahne-Sauermilch-Quark-Butter-Käse Anregungen für Neues bekommen. All diese Empfehlungen sollen auch jenen dienen, die der Gesundheit wegen Milch besonders schätzen und jenen, die diätkochen. Schließlich soll die Rezeptsammlung, Anregung, Start und Hilfe sein, um wieder einmal zu lukullischen Kompositionen zu kommen.

Eigentlich kann es nicht mit rechten Dingen zugehen, wenn Sie nach Studieren dieses Buches nicht auch zum »Milchfreund« geworden sind.

Sie wissen ja, Milch ist gesund! In diesem Sinne gutes Gelingen, viel Spaß und natürlich guten Appetit.

Ihre

G. Altkemper

1. MILCH

Erdbeermilch

Die Erdbeeren waschen, die Stiele abschneiden, das Fruchtfleisch zuckern und Saft ziehen lassen. In einen Mixer geben, pürieren und bei laufendem Motor die Milch einfließen lassen.

In hohe Gläser füllen und mit einem Trinkhalm dekorieren.

Übrigens: anderes Beerenobst eignet sich ebenfalls recht gut zu Milch-Mix-Getränken.

250 g Erdbeeren, 2 El. Zucker, 1 1/2 l Milch

Bananen-Milch

Die Eier mit dem Zucker und Vanillezucker in den Mixbecher der Küchenmaschine geben und darin schaumig schlagen. Die Bananen schälen, in Stücke schneiden und abwechselnd mit der Milch zugeben. Gut durchquirlen und sofort servieren.

2 Eier, 2 El. Zucker, 1 Päckchen Vanillezucker, 2 Bananen, 1/2 l Milch

Milch-Kaltschale I

Die Zwiebäcke werden in kleine Brocken zerstoßen (Pumpernickel wird zerkrümelt) und mit Zimt und Zucker vermischt in den Teller gegeben. Darüber gießt man eiskalte Milch oder Buttermilch. Sofort essen!

1 l Milch oder Buttermilch, 40 g Zucker, 4 Zwiebäcke oder 4 Scheiben Pumpernickel, 1/2 Tl. Zimt

Milch-Kaltschale II

Das Obst wird gereinigt, in mundgerechte Stücke geschnitten und mit Zucker bestreut. Es bleibt eine Stunde zugedeckt stehen, damit es Saft ziehen kann. Die Früchte werden in tiefe Teller verteilt und mit eisgekühlter Milch übergossen. Sofort verzehren!

1 l Milch oder Buttermilch, 40 g Zucker, 200 g Erdbeeren, Waldbeeren, Himbeeren oder Pfirische

Milchsuppe

Die Milch wird mit dem Zucker, der Vanilleschote, Zitronenschale und dem Salz aufgekocht. Die Stärke mit etwas kalter Milch verrühren und in die kochende Milch geben. Die Suppe wird mit 2 Eigelb verfeinert. Wenn Sago verarbeitet wird, muß er in der Suppe quellen. Die Nudeln werden getrennt von der Suppe gekocht und zum Schluß hineingegeben. Die Vanilleschote und die Zitronenschale herausnehmen und die Suppe mit Schneeklößchen anreichern.

Die Suppe schmeckt auch kalt sehr gut. In vielen westfälischen bäuerlichen Familien ißt man sie nach der Hauptmahlzeit, aber aus dem gleichen tiefen Teller, sozusagen als Dessert.

1 l Milch, 1 El. Speisestärke, etwas Zitronenschale, 60 g Zucker, 1 Vanilleschote (heute Vanillezucker), 1/4 Tl. Salz, 125 g Hörnchennudeln oder 50 g Sago

Müsli à la Bircher-Benner

Die Haferflocken und Rosinen etwa 2 Stunden in dem Obstsaft einweichen. Aus den Äpfeln nur das Kerngehäuse herausstechen, dann teilen und mit der Schale fein reiben. Die Bananen in hauchdünne Scheibchen schneiden. Das Müsli mit dem Obst auf Teller verteilen, mit Haselnüssen bestreuen und mit der Milch auffüllen. Nach Geschmack süßen.

125 g grobe Haferflocken, 125 g Rosinen, 1/4 l Milch, 1/8 l Orangensaft, Saft von 1 Zitrone, 4 Äpfel, 3 Bananen, 65 g geriebene Nüsse, Zucker oder Honig

Yorkshire-Pudding

Das mit Backpulver gesiebte Mehl in eine Schüssel geben und mit den Eiern und der Milch verquirlen. Mit Salz und Pfeffer abschmecken. Eine Auflaufform dick mit Butter ausstreichen, den Teig einfüllen und bei 200 ° etwa 30 Minuten backen.

Yorkshire-Pudding ist die klassische Beilage zu englisch gebratenem Roastbeef.

125 g Mehl, 1 Tl. Backpulver, 2 Eier, 1 Eigelb, Salz und Pfeffer, 1/4 l Milch, 40 g Butter

Meerrettich-Törtchen

Den Meerrettich und den abgeschälten Apfel in die Milch reiben. Die Gelatine nach Vorschrift auflösen und in die Milch geben. Mit Salz und Zucker abschmecken. In kleine Tassen füllen und erstarren lassen. Vorsichtig herauslösen und zu Schinkenröllchen und Salat reichen.

$1/2$ Stange Meerrettich, 1 säuerlicher Apfel, $3/8$ l Milch, 1 Päckchen gemahlene, weiße Gelatine, etwas Salz, 1 Prise Zucker

Schwalbennester

Die Kartoffeln schälen, würfelig schneiden und in Salzwasser garen. Milch erhitzen. Die heißen Kartoffeln durch eine Presse drükken oder stampfen, mit der Milch zu einem glatten Brei verrühren und mit dem Ei und der Butter verfeinern. Diesen Brei füllt man in eine gefettete, feuerfeste Form und drückt so viele Vertiefungen in die Masse, als man Eier verwenden will. Man schlägt die Eier auf, läßt sie in die Vertiefungen gleiten und salzt sie. Den Schinken würfeln, darüberstreuen und im Backofen 15–20 Minuten backen.

Dazu gibt es Salat.

1 kg mehlige Kartoffeln, Salzwasser, 1 Eigelb, Salz, $1/4$–$1/2$ l Milch, etwas Muskatnuß, 1 Stück Butter, pro Person: 1 Ei, 150 g gekochter Schinken oder Lyoner

Kartoffeltürmchen

Die Milch mit der Butter und dem Salz erhitzen, die Püreeflocken einrühren und ausquellen lassen. Danach das Eigelb gut durchschlagen. Die abgekühlte Kartoffelmasse in einen Spritzbeutel füllen und zu Türmchen auf ein gefettetes Backblech spritzen. Im vorgeheizten Ofen bei Oberhitze etwa 5–10 Minuten überbacken.

Zu Wild oder Förstersteaks reichen, um die Fleischplatte herum garnieren.

1 Päckchen Püreeflocken, 4 Portionen, 3/8 l Milch, 1 Tl. Salz, 1 Stich Butter, 1 Eigelb

Nudelauflauf

Die Nudeln weichkochen und etwas auskühlen lassen. Den Schinken würfeln. Die Milch mit Salz und den Eiern verschlagen. In eine gebutterte Auflaufform füllt man abwechselnd Nudeln, Schinken und Käseraspeln. Danach mit der Flüssigkeit übergießen, mit Butterflöckchen belegen und im vorgeheizten Backofen bei 225° etwa 45 Minuten backen.

Dazu grünen Salat in Sahnesoße reichen.

250 g Nudeln, Salzwasser, 350 g gekochter Schinken, 1/8 l Milch, 2 Eier, 1/2 Tl. Salz, geriebener Käse, Butterflöckchen

Stielmus in weißer Soße

Die Blätter abstreifen und die Stiele in 3 cm lange Stücke schneiden. Diese Stiele in Salzwasser kurz aufkochen, 5 Minuten garen und abgießen. Aus Butter und Mehl eine helle Schwitze bereiten, mit Milch ablöschen und kurz durchkochen lassen. Die Soße wird gesalzen, mit Pfeffer und Muskat gewürzt und mit dem Stielmus und den Kartoffeln vermischt. Durchziehen lassen. Dazu reicht man Bratwurst oder Speckpfannkuchen.

1 kg Mairübenstiele (Stielmus), 30 g Butter, 30 g Mehl, 1/4 l Milch, 750 g gekochte, gewürfelte Kartoffeln, Salz, Muskat, Pfeffer

Fleischbällchen in Selleriesoße

Das Zwiebelmett aus dem Kunstdarm drükken und zu Bällchen formen. In Butter mit den Schinkenwürfeln anbraten. Den Sellerie putzen, waschen und in kleine Würfel schneiden. In der Butter anbraten, mit dem Wasser ablöschen, würzen und 5 Minuten kochen lassen. Die gegarten Selleriewürfel herausnehmen. Die Milch mit dem Mehl verquirlen, die Soße damit abbinden. Evtl. mit Fondor nachwürzen.

Fleisch und Sellerie in die Soße zurückgeben und 5 Minuten darin ziehen lassen. Mit gehackter Petersilie bestreut zu Tisch bringen. Dazu schmecken vorzüglich Röstkartöffelchen oder Kartoffeltürmchen (s. S. 13).

500 g Zwiebelmettwurst, 100 g Schinkenspeckwürfel,
1 El. Butter

Soße: 150 g frischer Sellerie, 1 El. Butter,
1 kleine Tasse Wasser, Salz, Pfeffer, 2 große Tassen Milch,
2 gehäufte El. Mehl, etwas Fondor, gehackte Petersilie

Fischfilet mit Senfsoße

Den Fisch in 4 Portionen teilen, mit etwas Zitronensaft beträufeln und 10 Minuten ziehen lassen. Danach trocken tupfen, salzen und pfeffern, in Mehl wälzen, durch die verquirlten Eier ziehen und durch Paniermehl drehen. Die Panade gut anklopfen. In heißem Öl von beiden Seiten goldbraun braten.

Dazu reicht man Butter-Kartoffeln und Senfsoße.

Die Butter im Topf zerlassen, das Mehl hell anschwitzen und mit Brühe ablöschen. Mit Milch auffüllen, so daß eine geschmeidige Soße entsteht. Mit soviel Senf und etwas Zucker abschmecken, daß die Soße pikant scharf schmeckt.

Tip: Wer sich die Mühe der Fischzubereitung sparen will, nimmt Backfisch oder Fischstäbchen, die tiefgefroren im Handel zu kaufen sind.

Fisch: 500 g Fischfilet (Kabeljau, Rotbarsch, Schellfisch), 2 Eier, etwas Mehl, etwas Paniermehl, Salz, Pfeffer, Zitronensaft, Öl zum Braten

Soße: 40 g Butter, 40 g Mehl, 1/8 l Brühe, 3/8 l Milch, einige Löffel Senf (nach Geschmack), 1 Prise Zucker

Westfälischer Apfelpfannkuchen

Pfannkuchenteig wie bei »Badischer Spargel« anrühren. Die Äpfel schälen, vierteln und das Kerngehäuse entfernen. In dünne Scheibchen schneiden. Das andere Obst waschen und zerkleinern (wahlweise).

Je eine Suppenkelle voll Teig in eine gefettete Pfanne laufen lassen, kurz anbraten, dann dicht mit Apfelscheibchen oder dem anderen Obst belegen und wenden. Schön goldbraun von beiden Seiten braten. Sofort servieren und mit Zimt und Zucker bestreut essen.

Pfannkuchenteig (s. Badischer Spargel), 3–4 Äpfel, (250 g Pflaumen, Kirschen, Waldbeeren), Zimt und Zucker

Polnische Pfannkuchen

Die Eier in der Milch verquirlen. Die übrigen Zutaten in die Milch rühren, so daß ein glatter, halbweicher Teig entsteht. Diesen 10 Minuten quellen lassen. Öl in einer Pfanne erhitzen. Je eine große Suppenkelle voll Teig einlaufen lassen und zu Pfannkuchen abbacken. Mit Zucker bestreuen, aufrollen und sofort anrichten. Sahne süßen, halbsteif schlagen und über die Pfannkuchen gießen. Dazu schmeckt gut ein Kirsch- oder Pflaumenkompott.

4 Eier, 1/2 l Milch, abgeriebene Schale von 1 Zitrone, 250 g Mehl, 1 Prise Salz, 125 g Korinthen.

Zum Backen: gutes Pflanzenöl

Zum Begießen: 1/4 l Sahne, einige El. Zucker

Karthäuser Klöße, auch »Arme Ritter« genannt

Die Milch mit dem Aroma, dem Ei und dem Zucker verquirlen. Die Brötchen quer halbieren und in die Milch legen. Wenn sie sich vollgesogen haben, wenden und evtl. noch Milch zugeben. Die schwammigen Brötchen gut ausdrücken, in Paniermehl wenden und in Fett in der Pfanne gut ausbraten. Dazu reicht man eine Vanille- oder Weinschaumsoße und Zimt und Zucker.

Sollten Sie Zwiebäcke statt Brötchen verwenden, so werden diese nur kurz in Milch gewendet, paniert und dann gebacken.

4 alte Brötchen vom Vortag oder 8 Zwiebäcke, $^1/_2$ l–1 l Milch, 2 Tropfen Bittermandelöl, 1 Ei, 1 El. Zucker, Paniermehl, Fett zum Braten

Kaiserschmarrn

Das Mehl mit dem Backpulver mischen. Mit den Eigelben, der Butter, dem Zucker, dem Salz und der Milch zu einem glatten Teig rühren. Die Eiweiß zu steifem Schnee schlagen und unter den Teig heben. Ebenso die gewaschenen Rosinen und Korinthen.

Öl in einer Pfanne erhitzen, den Teig einfüllen, anbacken lassen, umdrehen und mit 2 Gabeln in der Pfanne in große Stücke zerreißen. Unter Wenden fertig backen. Den heißen Schmarrn mit Zucker und Zimt bestreuen und sofort essen.

200 g Mehl, 1 Tl. Backpulver, 4 Eigelb, 50 g zerlassene Butter,
1 El. Zucker,
1 Tl. Salz, $^1/_4$ l Milch,
4 Eiweiß, je 50 g Rosinen und Korinthen, etwas Öl zum Braten, Zimt und Zucker zum Bestreuen

Gebackene Grießschnitten

½ l Milch, 20 g Butter, 40 g Zucker, 150 g Grieß, 1 Prise Salz, 2 Eier, 2–3 El. Paniermehl, Fett zum Braten

Beilage: Johannisbeer- oder Preiselbeerkompott

Die Milch mit der Butter, dem Zucker und dem Salz zum Kochen bringen. Den Topf von der Herdplatte nehmen, den Grieß einrieseln lassen und auf der Herdplatte unter Rühren ausquellen lassen. Die Eier verquirlen und in den heißen Brei rühren. Diesen in eine Kastenform füllen und auskühlen lassen. Danach aus der Form stürzen und in dicke Scheiben schneiden. Die Scheiben in Paniermehl wenden und im heißen Fett von beiden Seiten schön braun braten.

Diese Schnitten werden heiß mit Preiselbeer- oder Johannisbeerkompott gegessen.

X
E
Y
D
B
C
R
W
V
T
S
Q
Z

Dicker Reis

1 l Milch, 1 Tasse Wasser, 250 g Milchreis (Rundkornreis), 50 g Zucker, 1 Prise Salz

Er ist allüberall ein beliebter Nachtisch an Sonn- und Feiertagen. Er wird örtlich verschieden mit Backobst, Zimt und Zucker, Schwarzbrot und Zucker oder mit Saft gegessen.

Den Reis waschen, mit einer Tasse Wasser und der Prise Salz aufsetzen und aufkochen lassen. Die Milch zugeben und den Reis darin bei geringer Hitze ausquellen lassen. Dann süßen und auskühlen lassen.

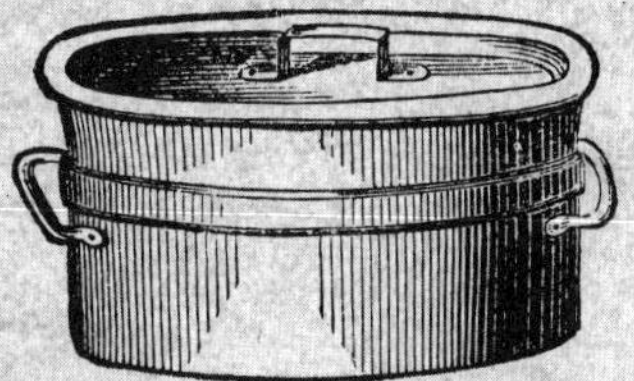

Haselnuß-Creme

3/8 l Milch, 3 Eigelb, 75 g Zucker, 1 Päckchen Vanillezucker, 60 g geriebene Haselnüsse, 1 1/2 Päckchen gemahlene, weiße Gelatine, 3 Eiweiß, 1/8 l Sahne, 1 El. Rum

Die geriebenen Nüsse mit kochender Milch übergießen, abkühlen lassen und mit aufgelöster Gelatine binden. Die Eigelb mit dem Zucker und Vanillezucker schaumig schlagen und unter die gelierende Masse heben. Ebenso den Rum, die geschlagene Sahne und die zu steifem Schnee geschlagenen Eiweiß unterheben. Gut durchkühlen. Mit Gebäckröllchen ein eleganter Nachtisch!

Herrencreme

Das Ei trennen. Von der Milch 4 El. abnehmen und diese mit dem Eigelb, dem Zucker und dem Puddingpulver verrühren. Den Rest der Milch erhitzen, das angerührte Puddingpulver hineingeben und unter Rühren einmal aufkochen lassen. Das Eiweiß zu Schnee schlagen. In den etwas abgekühlten Pudding den Eischnee und einige Löffel Rum rühren. Danach die Schokoladenraspeln unterheben. Kühl stellen! Mit Tupfen steifgeschlagener Sahne verzieren.

3/8 l Milch, 1 Päckchen Vanillepuddingpulver, 1 Ei, 60 g Zucker, einige El. Rum, 50 g geraspelte Schokolade.

Zum Garnieren: Sahnetupfer

Schwarzwaldbecher

Den Kirschsaft mit der Stärke andicken. Die Kirschen zugeben, mit Rum abschmekken und etwa halbhoch in Gläser füllen. Milch mit dem Instantpulver anrühren und über die ausgekühlten Kirschen geben. Die Sahne mit dem Zucker mischen und steif schlagen. In den Spritzbeutel füllen und die Gläser damit verzieren. Mit geraspelter Schokolade bestreuen.

1 Glas Sauerkirschen, 2 El. Speisestärke, Rum oder Kirschwasser, 1/2 l Milch, 1 Päckchen Vanillepuddingpulver, instant, 1/8 l Sahne, 1/2 El. Zucker, 1/2 Tafel feinbittere Schokolade

Schnee-Eier

½ l Milch, 50 g Zucker, 3 Eiweiß, 1 Päckchen Vanille-Soßenpulver, 3 Eigelb, 250 g Kirschen, geraspelte Schokolade

Die Milch mit dem Zucker zum Kochen bringen. Die Eiweiß mit Zucker steifschlagen. Kleine Bällchen abstechen und diese auf die heiße Milch setzen. Bei offenem Topf 4–5 Minuten ziehen, aber nicht kochen lassen. Danach wenden und abermals 4–5 Minuten ziehen lassen. Die Klöße abtropfen und auskühlen lassen. Die zurückgebliebene Milch auf ½ l wieder ergänzen. Daraus eine Vanille-Soße kochen, in die man die verquirlten Eigelb hineinrührt.

Die abgetropften Kirschen abwechselnd mit den Schnee-Eiern in eine Schüssel legen. Mit Soße überziehen, mit Schokoladenraspeln bestreuen und gut gekühlt servieren.

Heiße Orangen mit Vanille-Soße

Die Apfelsinen schälen und in Filets teilen. 4 feuerfeste Förmchen mit Butter ausstreichen. Die Apfelsinen einfüllen, mit dem Zimt-Zucker-Gemisch und mit Butterflöckchen bestreuen. Mit Alufolie abdecken und in etwa 7–8 Minuten im Backofen erhitzen.

Von der Milch einige El. abnehmen und diese mit dem Soßenpulver und dem Zucker verrühren. Ebenfalls für die Eigelb 2 El. Milch abnehmen. Den Rest der Milch erhitzen, das angerührte Soßenpulver einrühren und aufkochen lassen. Von der Herdstelle nehmen und die in Milch verschlagenen Eigelb einrühren. Nicht mehr kochen lassen, sondern sofort in eine Sauciere füllen. Ab und zu umrühren, damit sich keine »Haut« bilden kann.

Die Apfelsinen heiß mit lauwarmer Soße als Nachtisch reichen. Noch gehaltvoller schmecken die Apfelsinen, wenn Sie zum Schluß etwas Orangenlikör darüberträufeln.

4 große Apfelsinen, Zimt-Zucker-Gemisch, 60 g Butter

Soße: knapp $1/2$ l Milch, 1 Päckchen Vanille-Soßenpulver, 40 g Zucker, 2 Eigelb

2. SAHNE

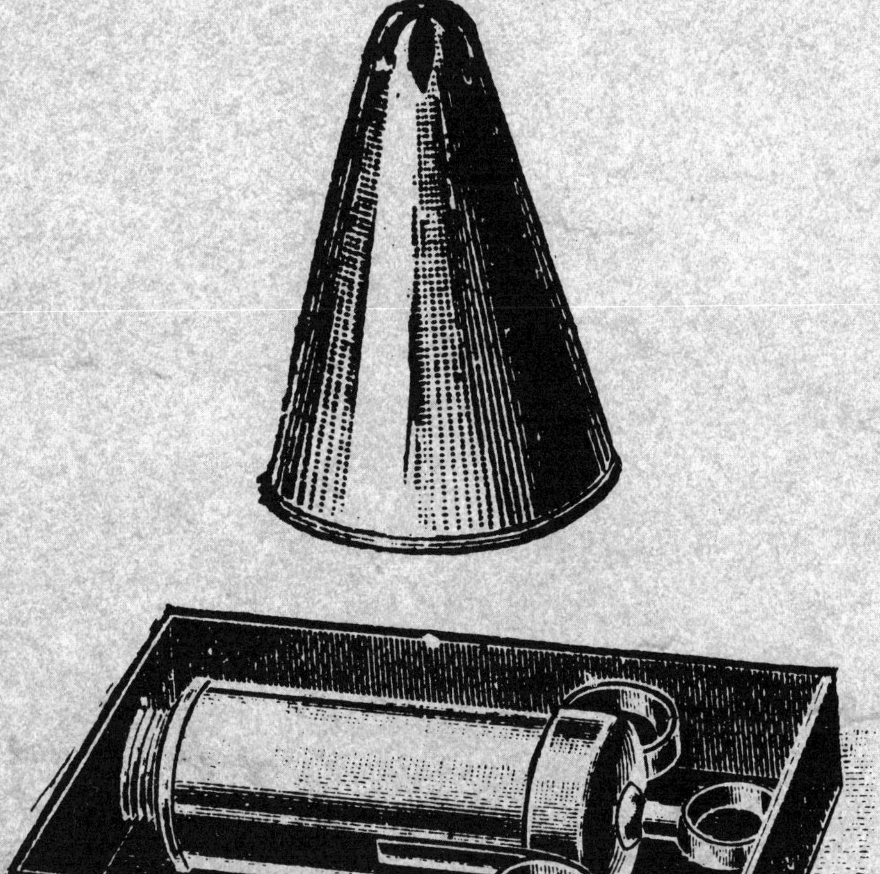

Angel's Kiss

Das Likörglas zu $^2/_3$ mit Brandy füllen. Über einen Teelöffel die gesüßte, aber ungeschlagene Sahne auf den Likör laufen lassen, so daß sich Likör und Sahne nicht vermischen, sondern als Schichten übereinander liegen. Mit einem Strohhalm trinken.

Ein guter Empfangstrunk vor einem ausladenden »Essen«.

Pro Cocktailglas:
$^2/_3$ Apricot Brandy,
$^1/_3$ flüssige, süße Sahne

Kosakenglut

Das Cocktailglas halb mit Mokkalikör füllen. Die geschlagene, gesüßte Sahne mit einer Spritztülle auf den Likör spritzen. Mit einem Strohhalm servieren. Man trinkt den Likör unter der Sahne her.

Pro Cocktailglas:
$^1/_2$ Mokkalikör,
$^1/_2$ geschlagene, gesüßte Sahne

Hawaii-Suppe

Die Butter im Topf zerlassen, den Curry darin anrösten und mit Brühe ablöschen. Aufkochen lassen, mit Mandeln und Ananas anreichern und gut durchkochen. Die Eigelb mit der Sahne verschlagen, in die nicht mehr kochende Suppe rühren und wieder erhitzen. Da die Suppe leicht gerinnt, muß man aufpassen, daß sie von jetzt ab nicht mehr kochen darf. Mit Sherry abschmekken.

1 l Brühe, 20 g Butter, 2 Tl. Curry, 4 El. gemahlene Mandeln, 2 kleine Dosen geraspelte Ananas, 2 Eigelb, 1/4 l Sahne, 3 El. Sherry

Sahnesoße für Salate

Die Sahne mit dem Schneebesen halbsteif schlagen. In die Sahne gibt man dann Zitronensaft, Salz, Zucker und Pfeffer und schlägt alles noch einmal gut durch. Dill und die Zwiebelwürfel zugeben. Diese Soße schmeckt gut zu Kopfsalat, Möhren-, Tomaten- und Gurkensalat.

1/4 l Sahne, 2 El. Zitronensaft, 1/2 Tl. Salz, 1 El. Zucker, 1 Prise Pfeffer, 1 Messerspitze Dill, 1 gewürfelte Zwiebel

Sahne-Meerrettich

Die Sahne halbsteif schlagen. Unter ständigem Schlagen das Sahnesteif einstreuen und die Sahne ganz steif schlagen. Danach würzt man mit Salz und schmeckt pikant mit soviel geriebenem Meerrettich ab, daß die Soße schön scharf ist.

1/4 l Sahne, 1 Sahnesteif, 1 Prise Salz, Meerrettich nach Geschmack

Preiselbeersahne

Die Sahne halbsteif schlagen, Sahnesteif einrieseln lassen und die Sahne ganz steif schlagen. Preiselbeeren nach Geschmack unterheben.

Vorzüglich zu geräuchertem Fisch und kaltem Fleisch.

$^1/_4$ l Sahne, 1 Sahnesteif, einige El. Preiselbeeren

Boeuf Stroganoff

Das Fleisch in feine Streifen schneiden, in Öl anbraten und aus dem Fett nehmen. Die Butter in dem Öl aufschäumen lassen, die in Scheiben geschnittene Zwiebel und die abgetropften Champignons darin schmoren lassen. Mit Wein ablöschen. Die Sahne mit dem Senf und dem Mehl verrühren und den Bratfond damit binden. Das Fleisch in die Soße geben, mit Salz und Pfeffer abschmecken und wieder erhitzen, aber nicht mehr kochen lassen.

Dazu können Sie Kartoffeltürmchen und einen Salat in Joghurt-Dressing reichen oder – schlichter – Toast und Butter.

500 g Filet vom Rind,
Öl zum Braten,
1 große Zwiebel,
1 mittlere Dose Champignons III. Wahl oder 250 g frische Pilze, 1 großes Stück Butter, 1 Glas Weißwein, $^1/_8$ l Sahne,
1 Tl. Senf, 1 Tl. Mehl,
Salz, Pfeffer

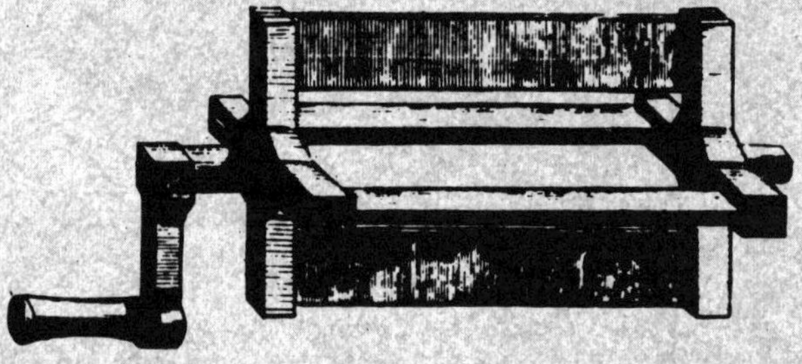

Förstersteaks

4 Steaks aus dem Filet eines Rinds, Salz, Pfeffer, Butter zum Braten, 1 große Dose Pfifferlinge, 200 g gekochter Schinken, 2 Zwiebeln, 1 Becher Sahne, Paniermehl

Die Steaks in der heißen Butter anbraten, salzen, pfeffern und dann auf eine feuerfeste Platte legen. Die Pfifferlinge, den gewürfelten Schinken und die in Scheiben geschnittenen Zwiebeln in dem Bratfett gut andünsten. Danach auf die Steaks häufeln. Die Sahne verschlagen und auf die Förstersteaks verteilen. Mit Paniermehl bestreuen und im Backofen bei 250 ° etwa 10 Minuten überbacken.

Zu diesem eleganten Fleischgericht passen Kroketten, gewärmte Birnen (aus der Dose) und Preiselbeerkompott am besten.

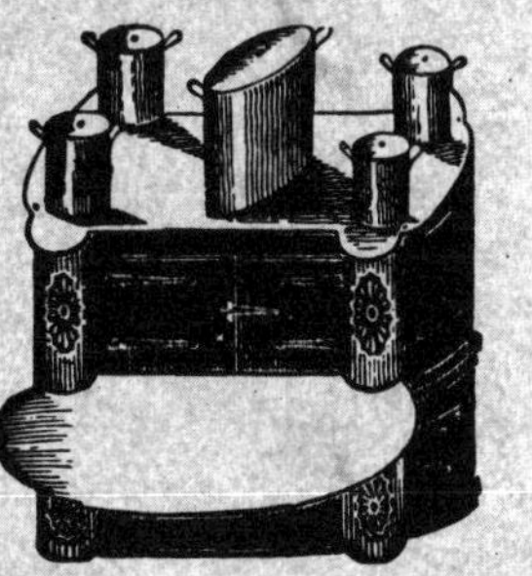

Zigeunerschnitzel, reiche Art

4 Schnitzel (vom Schwein oder Kalb), 2 El. Butter, Salz, Pfeffer, 2 El. Mehl, 1 Ei, 3 El. Paniermehl, 1 Glas Puszta-Salat, 1 kleine Dose Champignons III. Wahl, 1/4 l Sahne, 1 El. Mehl, 1 Tl. Zucker, 4 große Scheiben Käse

Die Schnitzel salzen, pfeffern und panieren: zunächst durch Mehl drehen, dann durch verschlagenes Ei ziehen und in Paniermehl wenden. In einer Pfanne in heißer Butter gut durchbraten. Die Schnitzel danach auf eine vorgewärmte Platte legen. Das abgetropfte Gemüse in dem Bratfett durchschmoren. Mit der Hälfte der Sahne loskochen. Den Rest mit dem Mehl und dem Zucker verquirlen. Das Gemüse damit binden. Auf die Schnitzel häufen, mit Käsescheiben belegen und im Backofen bei 250 ° schnell überbacken.

Nur Toastbrot dazu reichen.

Indonesisches Hühnchenragout

Das Huhn zerpflücken und in Würfel schneiden. Die Mandarinen schälen und in Filets teilen. Zwiebel und Mettwurst in feine Scheiben schneiden.
Butter in einem weiten Topf zerlassen, Huhn, Mettwurst und Zwiebel darin anbraten. Die Mandeln kurz mit durchrösten, mit Salz und Pfeffer scharf würzen und mit der Sahne ablöschen. Etwas einkochen lassen. Mango-Sauce zugeben. Die Mandarinenfilets kurz vor dem Servieren hineingeben und mit erhitzen. Wenn sie zu lange in der Soße sind, kochen sie aus.

Als gehaltvolle Vorspeise, als sättigende Mahlzeit, wenn Sie Reis dazu servieren oder als kleine Abendmahlzeit gedacht!

1 gekochtes Huhn, 2 El. Butter, 50 g geräucherte Mettwurst, 3 Mandarinen, 40 g Mandelblätter, 1 Zwiebel, 1 Tl. grob gekörnter, schwarzer Pfeffer, Salz, 1–2 El. Mango-Sauce, 1/4 l Sahne

Geschnetzelte Putenfilets in Rahmtunke

Die Filets und den Schinken in feine Streifen schneiden und in Butter leicht anbraten. Salzen und pfeffern. Die Zwiebeln, geputzt und in Ringe geschnitten, zugeben und kurz mit durchbraten. Mit Sahne löschen, leicht einkochen lassen und mit den in Stücken geschnittenen Bananen anreichern. Kurz erhitzen und durchrühren.

Mit Reis und Salat servieren.

3 Putenfilets, 250 g gekochter Schinken, 2 El. Butter, Salz, Pfeffer, 2 Zwiebeln, 1/4 l Sahne, 2 Bananen

Fisch in Rahm-Dill-Soße

Den Wein mit den Gewürzen und der Zwiebel zum Kochen bringen. Den Fisch säubern, in große Stücke schneiden und in den Sud legen. 15 Minuten ziehen, aber nicht kochen lassen.

Inzwischen die Butter zerlassen, das Mehl hellgelb darin anrösten und mit dem Fischsud und der Sahne ablöschen. Mit Salz und Fondor abschmecken und mit viel Dill anreichern. Die Fischstücke einlegen, einige Minuten darin ziehen lassen und dann in der Soße zu Salzkartoffeln und Gurkensalat servieren.

750 g Fischfilet (Seezunge, Kabeljau, Schellfisch), 1/2 l Weißwein, Salz, Pfefferkörner, 2 Lorbeerblätter, 1 Zwiebel, 1/2 Tl. Zucker
40 g Butter, 40 g Mehl, 1/8 l Fischsud, etwa 3/8 l Sahne, reichlich frischer, gehackter Dill, etwas Fondor, Salz

Gebratene Seezunge

4 Seezungenfilets, 100 g Butter oder geräucherter Speck, Salz, Pfeffer, 1 Zwiebel, 100 g Krabben – gekocht und gepuhlt, 1/4 l Sahne, 1 Tl. Dillspitzen

Die Filets waschen, abtrocknen und mit Salz und Pfeffer einreiben. Die Butter bzw. den gewürfelten Speck in der Pfanne auslassen, die Seezungen goldgelb von beiden Seiten braten und dann vorsichtig auf eine Platte legen und warmstellen. In dem Fett brät man jetzt kurz die gehackte Zwiebel und die gepuhlten Krabben an, löscht mit Sahne ab und läßt diese kurz einkochen. Frischen Dill und evtl. noch Salz und Pfeffer zugeben. Über die Filets gießen und sofort zu Tisch bringen.

Mein Vorschlag, das Rezept abzuwandeln, um es als festliche Vorspeise zu servieren: Nachdem Sie die Seezungen gebraten haben, füllen Sie das Fett in eine Flambierpfanne um, lassen es bei Tisch wieder sehr heiß werden, braten die Krabben und die Zwiebel kurz an. Danach wärmen Sie eine Suppenkelle voll Whisky an und flambieren die Krabben damit. Mit Sahne ablöschen. Jeder bedient sich der Soße aus der Flambierpfanne.

Dazu grünen Salat in einer leichten Vinaigrette-Soße reichen und einen frischen Weißwein.

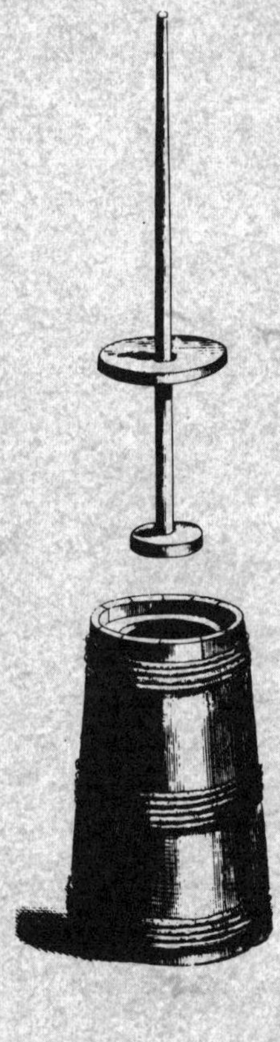

Forellen, auf orientalische Art zubereitet

Die Forellen innen mit etwas Zitronensaft einreiben und 10 Minuten stehen lassen. Danach innen und außen salzen, pfeffern und durch Mehl wälzen. Butter in der Pfanne aufschäumen lassen und die Forellen von beiden Seiten goldbraun braten. Aus der Pfanne nehmen und warmstellen. Den Bratfond mit zusätzlicher Butter anreichern, die Mandelblätter goldgelb braten. Die Ingwerpflaumen in ganz feine Würfel schneiden und mit dem Sirup und dem Curry zugeben. Durchschwenken, mit Sahne ablöschen und leicht einkochen lassen. Über die Forellen gießen und mit getoastetem Brot oder mit Reis zu Tisch geben.

Pro Person: 1 Forelle, Zitronensaft, Salz und Pfeffer, Mehl, etwas Butter zum Braten

Soße bei 4 Forellen: 60 g Butter, 40 g Mandelblätter, 2 große Ingwerpflaumen in Sirup, etwas Ingwersirup, 1/2 Tl. Curry, 1/4 l Sahne

Birne Hélène

Die Sahne mit dem Zucker und Vanillezucker steifschlagen. Die Eigelb verquirlen und unter die Sahne ziehen. Im Tiefkühlfach frosten. Für die Soße das Palmin erhitzen und wieder abkühlen lassen. Puderzucker, Sahne und Kakao vermischen, das abgekühlte Palmin einrühren. In Portionsschälchen je eine Birnenhälfte mit der Kuppe nach oben legen, daneben je 1 Würfel Eis. Mit Schokoladensoße überziehen, mit Waffeln dekorieren.

Eis: 2 Eigelb, 2 Päckchen Vanillezucker, 1 El. Zucker, 1/4 l Sahne

Soße: 1–2 El. Palmin, 2 El. Kakaopulver, 125 g Puderzucker, 2 El. Sahne

Außerdem: 1 Dose Williams-Christ-Birnen, Waffeln

Pfirsich Melba

Eis: (s. Birne Hélène)

Soße: 1 Päckchen tiefgekühlte Himbeeren, 2–3 El. Zucker, etwas Zitronensaft

Außerdem: 1 Dose Pfirsiche, halbe Früchte, 1/4 l Sahne, 1 El. Zucker

Die Eiszubereitung erfolgt wie bei Birne Hélène. Die Himbeeren tiefgefroren in einen Topf geben, aufkochen und ein wenig einkochen lassen. Durch ein Sieb streichen, zuckern und mit etwas Zitronensaft anreichern. Die Sahne mit dem Zucker steifschlagen.

In Eisschälchen legt man je einen halben Pfirsich und ein Eisbällchen. Man spritzt die Sahne um den Rand des Schälchens und übergießt den Nachtisch mit abgekühltem Himbeermark.

Zitronensorbet

Eis: 1 Päckchen Eispulver, Zitronengeschmack, 1/4 l Milch, 1/4 l Sahne, 1 El. Zucker

Zuckerlösung: 8 El. Zucker, 8 El. Wasser

Sorbet: 1 Flasche Sekt

Das Eispulver mit der Milch glattrühren und 15 Minuten quellen lassen. Die Sahne mit dem Zucker süßen und steifschlagen. Vorsichtig unter das angerührte Pulver heben, in einen Plastikbecher füllen und zum Gefrieren in die Tiefkühltruhe stellen. Kurz vor dem Gebrauch aus der Truhe nehmen. Für die Zuckerlösung kocht man Zucker und Wasser so lange auf, bis ein klarer Sirup entstanden ist. Abkühlen lassen. In hohe Sektkelche gibt man nun je 1 Kugel Eis, übergießt diese mit 1–2 El. Zuckerlösung und füllt mit Sekt auf. Damit das Sorbet hübsch aussieht, stecken Sie eine Zitronenscheibe an den Rand des Glases. Decken Sie Strohhalme und langstielige Partylöffel dazu. Abgerundet wird mit Löffelbiskuits oder mit Gebäckröllchen.

Zitronencreme

Die Zitronen und die Apfelsine auspressen. Mit dem Wasser, Zucker und den Eigelb zu einer Schaumcreme verrühren. Die Gelatine nach Vorschrift quellen lassen und auflösen. In die Creme rühren. Beginnt die Masse zu gelieren, hebt man vorsichtig die zu Schnee geschlagenen Eiweiß und die steifgeschlagene Sahne unter. In eine Glasschüssel füllen und gelieren lassen. Mit Sahnetupfen garnieren.

Saft von 4 Zitronen, ebensoviel Wasser, 1 Apfelsine, 4 El. Zucker, 4 Eigelb, 2 Päckchen Vanillezucker, 1 Päckchen gemahlene, weiße Gelatine, 4 Eischnee, 1/4 l Sahne

Erdbeerspeise

Die Erdbeeren waschen, zerkleinern und mit Zucker bestreuen. Nach etwa 1 Stunde werden sie mit dem gezogenen Saft in einen Mixer gegeben und zerkleinert. Das Mus mit Zitronensaft säuern. Die Gelatine nach Vorschrift quellen lassen und auflösen. In das Mus rühren. Die Sahne mit dem Zucker und Vanillezucker steifschlagen und vorsichtig unter die gelierende Masse heben. In eine Glasschale füllen und kühl stellen. Mit Sahnetupfen und schönen Erdbeeren verzieren.

Genauso können Sie auch mit Himbeeren verfahren. Diese Speise schmeckt auch vorzüglich.

500 g Erdbeeren, 2–3 El. Zucker, 1 El. Zitronensaft, 1/4 l Sahne, 1 El. Zucker, 1 Päckchen Vanillezucker, 1 1/2 Päckchen rote, gemahlene Gelatine

Exotischer Nachtisch

Die Loquats abtropfen lassen und auf 4 Glasschälchen verteilen. Die Sahne steifschlagen und süßen. Unter Schlagen soviel Eierlikör einlaufen lassen, daß die Sahne gut alkoholisiert ist. Über die Loquats geben und kühl stellen. Etwa 1/2 Stunde später gut gekühlt servieren.

Tip: Sollten Sie keine Loquats bekommen, Pfirsiche oder Aprikosen harmonieren auch gut dazu.

1 Dose Loquats, 1/4 l Sahne, 1 El. Zucker, Eierlikör nach Geschmack

Kiwi-Becher

Die Kiwis schälen und in Scheiben schneiden. Die Gelatine quellen lassen und auflösen. Den Wein mit der Gelatine vermengen. Die Kiwischeiben auf 4 Glasschälchen verteilen, mit dem Weingelee begießen und stocken lassen. Die Sahne mit dem Zucker und dem Vanillezucker steifschlagen, in einen Spritzbeutel füllen und auf das Gelee spritzen.

4 Kiwis, 1/2 l Weißwein, 1 1/2 Päckchen gemahlene, weiße Gelatine, 1/4 l Sahne, 1 El. Zucker, 1 Päckchen Vanillezucker

Orangen-Köstlichkeit

4 Orange, 2 El. Zucker, 1/4 l Sahne, 1 El. Zucker, 1 Päckchen Vanillezucker, etwas Orangenlikör

Die Orangen schälen und quer in dünne Scheiben schneiden. Fächerartig auf eine flache Platte legen, mit Zucker bestreuen und mit Orangenlikör beträufeln. Die Sahne mit dem Zucker und dem Vanillezucker steifschlagen. Unter Schlagen soviel Orangenlikör zufügen, wie es angenehm ist. Diese Sahne in einen Spritzbeutel füllen. Dicke Tupfer auf die Orangenscheiben drücken. Mit Schokoladenraspeln verzieren. Ein schneller Nachtisch, der es in sich hat!

Eistorte »Fürst Pückler«

1. Tortenboden: 60 g Butter, 60 g Zucker, 120 g Mehl, 1 Ei

2. Eis: 5 Eigelb, 150 g Zucker, 6 El. Weißwein, 1/2 Tl. gemahlene, weiße Gelatine, 3/4 l Sahne, 2 El. Kakao, 1 Päckchen Himbeeren aus der Tiefkühltruhe

3. Garnierung: Sahne, Schokoladenraspeln

Aus den unter 1 angegebenen Zutaten einen guten Mürbeteig herstellen und diesen auf den gefetteten Boden einer Springform von 26 cm ∅ kneten. Mehrere Male einstechen und bei 225 ° schnell abbacken.

Inzwischen Eier, Zucker und Wein im Wasserbad cremig schlagen, aber nicht zum Kochen bringen. Die nach Vorschrift aufgelöste Gelatine unterheben. Diese Masse in 3 Teile teilen. Unter die erste Portion hebt man 1/4 l steifgeschlagene, gesüßte Sahne und den Kakao, füllt diese auf den ausgekühlten Boden und friert alles kurz an. Die 2. Portion wird mit wiederum 1/4 l geschlagener Sahne angereichert und außerdem mit durchpassierter Himbeermasse. Auf das Schokoladeneis streichen und kurz anfrieren lassen. Die 3. Portion wird nur mit Sahne angereichert. Man verfährt wie bei den anderen Portionen. Obenauf mit Sahnetupfern und Schokoladenraspeln verzieren. Einige Stunden gut durchfrieren lassen.

Ananas-Charlotte

Ca. 20 Löffelbiskuits, 1 Dose Ananasstücke, 3 Eigelb, 1 Tütchen gemahlene, weiße Gelatine, 60 g Zucker, 1/2 l Sahne, 1 El. Kirschwasser oder Rum

Den Boden einer Springform von etwa 22 cm ∅ mit zerbröckelten Löffelbiskuits auslegen. Diese mit Kirschwasser tränken. Die Eigelb mit dem Zucker schaumig schlagen. Etwa 1/8 l Ananassaft einrühren. Die nach Vorschrift aufgelöste Gelatine einrühren und zum Stocken beiseite stellen. Kurz vor dem Festwerden kräftig durchschlagen, mit etwa 1/4 l geschlagener Sahne anreichern und auf die Löffelbiskuits geben. Kühl stellen. Nach dem Stocken den Rest der steifgeschlagenen Sahne auf und um den Kuchen streichen und ihn damit verzieren. Einige Ananasstücke zur Dekoration obenauf arrangieren.

Rahmkuchen

250 g Mehl, 20 g Hefe, knapp 1/8 l Milch, 1 Prise Salz, 60 g Butter, 60 g Zucker, 1 Ei, 1 Becher Sahne

Nach dem Grundrezept (s. S. 44) einen lockeren Teig herstellen. Fingerdick ausrollen, in eine Tortenform legen und am Rand gut andrücken. Gehen lassen! Die Sahne darauf verteilen. Bei mittlerer Hitze auf der Mittelschiene des Backofens etwa 20 Minuten goldgelb abbacken.

Himmelstorte

Aus den angegebenen Zutaten einen Rührteig herstellen und in 4 Portionen teilen. Den ersten Teil in eine gefettete Springform (Ø 26 cm) streichen, mit verschlagenem Eiweiß bepinseln und mit Mandeln bestreuen. Abbacken: 20 Minuten, 180°. Mit den restlichen drei Böden genauso verfahren. Die Sahne süßen, steifschlagen und den Kuchen damit füllen. Den Rand mit Sahne glattstreichen. Schmeckt erst am nächsten Tag richtig gut.

200 g Butter, 200 g Zucker, 1 Päckchen Vanillezucker, 1 Prise Salz, 2 Eier, 1 Eigelb, 350 g Mehl, 3 Tl. Backpulver, 1 Eiweiß, 150 g gebl. Mandeln, 1/2 l Sahne, 2 Päckchen Sahnesteif, Zucker

Rahmkränze

Mehl, Butter und Sahne zu einem Knetteig verarbeiten. Ausrollen und Kränze ausstechen. Diese mit Eigelb bepinseln, mit Zimt und Zucker und gehackten Mandeln bestreuen und bei mäßiger Hitze goldgelb abbacken.

250 g Mehl, 150 g Butter, 1 Becher saure Sahne,
zum Bestreichen:
2 Eigelb, Zucker, Zimt, gehackte Mandeln

Karamellen

Die Sahne mit dem Kandiszucker zum Kochen bringen und unter Rühren einkochen lassen, bis die Masse hellbraun und dickflüssig ist. Auf geölte Bleche gießen und abkühlen lassen. Bevor die Masse ganz ausgekühlt ist, in Würfel schneiden und dann restlos erstarren lassen.

Zu Nuß- oder Mandelkaramellen kann man die eingekochte Masse mit 100 g gemahlenen Mandeln oder Nußkernen vermischen.

1/2 l Sahne, 150 g weißer oder brauner Kandis

Zwiebelkuchen

Die Menge ist für ein kleineres Backblech gedacht. Wenn Sie lieber in einer Springform backen, nehmen Sie etwa die halbe Menge Teig und etwas weniger für den Belag.

Das Mehl in eine Schüssel sieben. In die Mitte eine Mulde drücken. Die Hefe mit etwas lauwarmer Milch verrühren, in die Mulde gießen und mit etwas Mehl zu einem Vorteig verarbeiten. Diesen mit Mehl bestäuben und etwa 15 Minuten gehen lassen. Danach vom Rand her alle anderen Zutaten in den Teig arbeiten, gut schlagen und gehen lassen, bis er doppelt so hoch ist. Danach noch einmal gut durchkneten, ausrollen und auf ein Kuchenblech mit Rand legen. Gehen lassen. In der Zwischenzeit die Zwiebeln schälen und in Ringe schneiden. Den Speck würfeln und bei schwacher Hitze glasig ausbraten. Die Sahne mit den Eigelb, dem Mehl und dem abgekühlten Speck und Fett verquirlen. Die Zwiebeln auf dem Teig verteilen. Mit der vorbereiteten Sahne begießen. Zum Schluß Salz und Kümmel darüberstreuen. Den Kuchen in den kalten Ofen schieben, bei 225° etwa 30–40 Minuten backen lassen.

Warm zu Apfelwein oder Federweißem essen.

Teig: 1/8 l lauwarme Milch, 40 g Hefe, 1 Prise Zucker, 500 g Mehl, 1 Ei, 80 g zerlassene Butter, 1 Tl. Salz

Belag: 250 g Zwiebeln, 250 g Speck, 3/8 l Sahne, 2 Eigelb, 1 Tl. Mehl, 1 Tl. Kümmel, 1 Tl. Salz

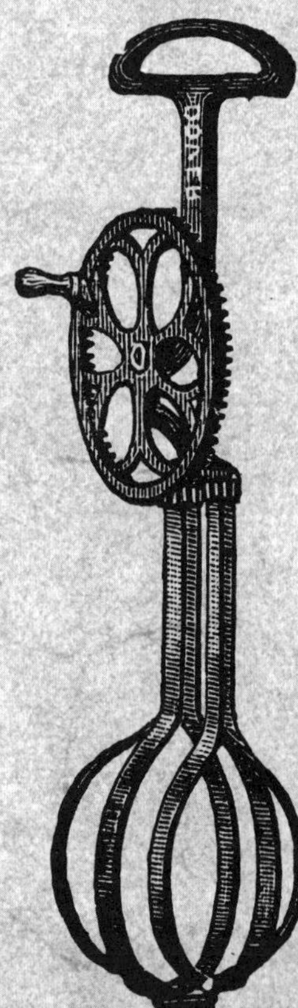

3. BUTTERMILCH
SAURE SAHNE
JOGHURT
KEFIR

Apfeljoghurt

Die Äpfel schälen und auf der Rohkostreibe feinraspeln. Sofort mit Zitronensaft beträufeln. Den Zucker, die Zitronenschale und den Joghurt zugeben. Gut schaumig aufschlagen. Kalt servieren.

½ l Joghurt, 3 Äpfel, 1 El. abgeriebene Zitronenschale, 2 El. Zitronensaft, 4 El. Zucker

Mandarinenjoghurt

Den Joghurt mit dem Zucker und Vanillezucker schaumig aufschlagen. Die Mandarinen schälen, in Spalten teilen und auf 4 Portionsgläser verteilen. Den Joghurt darüberfüllen. Die Mandelblättchen in etwas Butter goldbraun rösten. Die Speise damit verzieren.

4 Becher Magerjoghurt, 4 Mandarinen (oder 1 Dose), 4 El. Zucker, 2 Vanille-Zucker, 40 g geblätterte Mandeln, 1 El. Butter

Schokoladenjoghurt

Den Joghurt schaumig schlagen. Zucker, Vanille-Zucker und Kakao zugeben und kräftig aufschlagen. Wer nicht auf Kalorien achten muß, sollte noch etwas steifgeschlagene Sahne unterheben. In hohe Gläser füllen und mit einem Strohhalm und einem langstieligen Löffel servieren.

4 Becher Magerjoghurt, 4 El. Instant-Kakao, 2 El. Zucker, 1 Päckchen Vanillezucker, evtl. ½ Becher süße, geschlagene Sahne

Nußjoghurt

Im Mixer alles gut schaumig schlagen. In hohe Gläser füllen und mit einem Strohhalm trinken.

40 g gemahlene Haselnüsse, 3 Becher Joghurt, 2 El. Zucker, 2 Gläschen Eierlikör

Beschwipster Joghurt

Die Sauerkirschen mit dem Zucker aufkochen und mit dem Stärkemehl leicht binden. Auskühlen lassen. Den Joghurt mit dem Zucker schaumig aufschlagen. Das abgekühlte Kompott und den Likör unterrühren. Kalt stellen.

2 Becher Joghurt, 2 El. Zucker, 1 kl. Glas Sauerkirschen, 2 El. Zucker, etwas Stärkemehl, 1 Messerspitze Zimt, 3 El. Kirschlikör oder Kirschwasser

Plundermilch (Dicke Milch)

1–1 1/2 l Milch auf 4–6 Glasschälchen verteilen. Die Glasschälchen mit einem Tuch bedecken und bei Zimmertemperatur säuern lassen. Man kann den Vorgang des Sauerwerdens verkürzen, indem man in kleinen Bechern Joghurt vorher unter die Milch mischt. Kurz vor dem Verzehr streut man nach Geschmack Zimt und Zucker über diesen vorzüglichen Nachtisch. Wichtig: Vor dem Verzehr nicht umrühren.

Orangen-Buttermilch-Shake

Ein Glas 3/4 mit Buttermilch füllen. Unter kräftigem Rühren mit Orangensaft (frisch oder aus der Flasche) auffüllen. Es kann nach Belieben noch nachgesüßt werden. Sie können auch andere Säfte nehmen, z.B. Aprikosen-, Erdbeer- oder Kirschsaft.

Buttermilchsuppe

3/4 l Buttermilch,
1 St. Zimt, 1 Messerspitze Anis, 1/2 Tl. Salz, 60 g Zucker,
1 Eigelb, 30 g Speisestärke, 60 g Korinthen

Salz, Zimt und Aniskörner werden in die Buttermilch gegeben. Die angerührte Speisestärke gibt man in die Buttermilch und bringt diese unter ständigem Rühren zum Kochen. Vorsicht, gerinnt schnell! Der Zucker wird mit dem Eigelb verschlagen und in die Suppe gegeben. Die Korinthen fügt man zuletzt hinzu und läßt sie 15 Minuten in der Suppe ziehen.

Buttermilch-Kaltschale

Das gekochte Obst in kleine Würfel schneiden. Saft und Buttermilch schaumig schlagen. Die Gelatine nach Vorschrift auflösen und in die Suppe geben. Das Obst zugeben, Sahne mit Zucker und Vanillezucker steifschlagen und unterheben. Gut durchkühlen. Die Suppe in Teller füllen, ein Sahnekrönchen in die Mitte spritzen und mit Zimt bestäuben.

1 l Buttermilch, 1/8 l Sahne, 500 g gemischte Früchte der Jahreszeit, 1 Päckchen Gelatine (6 Blatt), 1 El. Zucker, 1 Vanillezucker, Zimt zum Bestreuen

Knabbermilch

Die Dickmilch schaumig schlagen. Die Bananen schälen und in Scheiben schneiden. Die Erdbeeren waschen. Stiele abschneiden und die Früchte in Stücke schneiden. Die Zwiebackbrocken oder Cornflakes mit Zimt und Zucker mischen. Die Dickmilch auf 4 Suppenteller verteilen. Die Knabbereien und das Obst darübergeben. Mit dem Löffel essen. Wichtig ist: gut gekühlt servieren.

2 große Becher Dickmilch oder Kefir, 4–8 Zwiebäcke oder einige El. Cornflakes, Zimt-Zucker-Gemisch, 2 Bananen oder 250 g Erdbeeren

Sommerliche Tomatensuppe

Die Tomaten mit dem Joghurt in einen Mixer geben und pürieren. Die Zwiebeln sehr fein hacken und mit den übrigen Zutaten in die Suppe geben. Gut durchkühlen und mit Petersilie bestreut servieren.

An heißen Tagen ist die Suppe mit etwas getoastetem Brot eine herrliche Erfrischung.

1 große Dose gepellte Tomaten, 300 g Joghurt, 2 Schalotten, Salz, Pfeffer, 1 Tl. Zucker, je 1 Messerspitze Majoran und Thymian, 1 Tl. Curry, 1 El. geriebene Zitronenschale, Saft von 1 Zitrone, 1 El. gehackte Petersilie

Russische Rahmsuppe

Schnittlauch und Dill feinschneiden. Tomaten abziehen, halbieren, entkernen und würfeln. Die Zwiebel würfeln. Fenchel und Gurke putzen, waschen und in Würfel schneiden. Mit Zitronensaft beträufeln, alles gut durchmengen und 1/2 Stunde ziehen lassen. Crab Meat, Eier und Schinken würfeln und dazugeben. Joghurt, Sahne, Milch, Salz, Zucker und Senf verschlagen und über das Gemüse gießen. Recht kalt servieren. Diese Suppe ersetzt an heißen Tagen eine ganze Mahlzeit.

1 Bund Schnittlauch, 1 Bund Dill, 4 Tomaten, 1 Zwiebel, 1 kleine Fenchelknolle, 1/2 Salatgurke, Saft von 3 Zitronen, 1 kleine Dose Crab Meat oder Grönland-Krabben, 100 g gekochter Schinken, 2 hartgekochte Eier, 4 Becher Joghurt, 1/4 l saure Sahne, 1/8 l Milch, 1 Tl. Salz, 1 Prise Zucker, 2 Tl. scharfer Senf

Schlanker Geflügelsalat

Das Hühnerfleisch in große Würfel schneiden. Die Grapefruits halbieren, das Fleisch aushöhlen, in Würfel schneiden, den austretenden Saft für die Soße auffangen. Die Krabben abtropfen lassen und zugeben.

Aus den Soßenzutaten eine schlanke Soße rühren und diese über den Salat geben. Gut durchheben. Cocktailgläser mit Salatblättern auslegen, Salat einfüllen und als erfrischende Vorspeise oder als Partysnack mit Toastbrot reichen.

Salatzutaten:
4 gekochte Hühnerbrüstchen, 2 Grapefruits (Pampelmusen), 1 Dose Krabben

Salatsoße: 1 Becher Joghurt, 1 El. Mayonnaise, etwas Grapefruitsaft, einige Spritzer Worcestersoße, Salz, Pfeffer, Zucker, 1/2 Bund Petersilie, etwas gehackter Dill

Salatplatte mit Joghurt-Dressing

Die Gurke waschen und mit der Schale in feine Scheiben schneiden. Die Tomaten waschen und in Scheiben schneiden. Die Paprikaschoten ebenfalls waschen, die Kerne und weißen Häute entfernen und die Paprikas selbst in feine Streifen schneiden. Die Möhren waschen, putzen und raffeln. Auf eine große, etwas tiefere Platte arrangiert man alle vier Salate. Für die Soße verschlägt man den Joghurt, gibt Salz, Pfeffer und die Kräutermischung zu und schneidet eine Zwiebel, in kleine Würfel zerhackt, hinein. Die Soße gießt man über die Salate ohne umzurühren.

1. Salate: 1 Gurke, 4 Tomaten, 2 grüne Paprikas, 250 g Möhren

2. Dressing: 2 Becher Joghurt, Salz, Pfeffer, 1 Tl. Salatkräuter (aus der Dose), 1 Zwiebel

Zitronenschaumsoße

Die Sahne bzw. den Kefir schaumig schlagen. Eine ungespritzte Zitrone wird abgerieben und ausgepreßt. Ein Apfel wird geschält und halbiert. Das Kerngehäuse wird ausgestochen. Den Apfel in die Soße reiben. Mit den Gewürzen und der Zitrone anreichern. Nach Geschmack süßen. Die Soße schmeckt köstlich zu Hackfleischpasteten.

2 Becher saure Sahne oder 1 großer Becher Kefir, Saft und Schale von 1 Zitrone, 1 Boskop-Apfel, je 1 Prise Salz, Pfeffer, Knoblauchpulver, 1–2 Tl. Zucker

Sülze mit Tatarensoße

Den Joghurt mit der Mayonnaise schaumig schlagen. Die Eier, Gurken, Zwiebeln und Kapern ganz fein hacken. Petersilie und Schnittlauch kleinschneiden und alles in die Soße mengen. 1/2 Stunde ziehen lassen und gut gekühlt zu der aufgeschnittenen Sülze reichen.

Mit Bratkartoffeln ein schnelles Mittagessen, mit Toastbrot bildet es ein vollständiges Abendbrot.

500 g Sülze (beim Metzger besorgen)

Soße: 150 g Joghurt, 3 El. Mayonnaise, 2 hartgekochte Eier, 2 Gewürzgurken, 2 Zwiebeln, 1 El. Kapern, je 1/2 Bund Petersilie und Schnittlauch

Buttermilchplinsen

Die Zutaten zu einem glatten Teig arbeiten und quellen lassen. Öl in eine Pfanne geben, erhitzen und den Teig als kleine Plätzchen (Plinsen) darin goldgelb ausbacken.

Plinsen ißt man mit Kompott oder mit Vanillesoße.

1/2 l Buttermilch, 250 g Gerstenmehl, 1 Ei, 1 Messerspitze Natron, 125 g Zucker, 1 Prise Salz

Ungarischer Feuertopf

Die Filetchen in Scheiben schneiden und auf beiden Seiten mit Salz, Pfeffer und Paprika einreiben. In Butter anbraten. Die Zwiebel und die Paprikaschote putzen und in Ringe schneiden. Kurz mit anbraten. Mit Brühe ablöschen und etwa 15 Minuten kochen lassen. Mehl mit etwas kaltem Wasser anrühren und die Soße damit binden. Den Joghurt mit dem Tomatenmark und der geriebenen Zwiebel verrühren. In das heiße Gulasch geben. Jetzt das Gericht nicht mehr kochen lassen, sondern nur noch heiß halten. Mit Petersilie bestreut zu Nudeln und Tomatensalat reichen.

Schön scharf soll's sein!

750 g Schweinefilet, Salz, Pfeffer, scharfer Paprika, 2 El. Butter, 2 Zwiebeln, 1 Paprikaschote 1/8–1/4 l Brühe, 1 Tl. Mehl, 2 Becher Magerjoghurt, 1 kleine Dose Tomatenmark, Saft von 1/2 Zitrone, 1 kleine, geriebene Zwiebel, 1 El. gehackte Petersilie

Nomadenspieße

Das Lammfleisch in große Würfel schneiden und in die aus den angegebenen Zutaten verrührte Marinade legen. Etwa 2 Stunden darin ziehen lassen. Danach abtrocknen und abwechselnd mit den Champignons, den Tomaten und Paprikastücken aufspießen. Mit Öl einpinseln, unter den Grill schieben und rundum schön braun braten. Anschließend mit Salz und Pfeffer bestreuen und mit Landbrot anbieten.

500 g Lammfleisch, 250 g große Champignons, 500 g kleine Tomaten, 2 grüne Paprikaschoten

Marinade: 1/4 l Joghurt, je 1 Tl. Koriander, Mohnsaat, Ingwerpulver, Safran und Kümmelsaat, 1 gehackte Knoblauchzehe, 1 gehackte Zwiebel, Salz, Pfeffer

Öl zum Braten, Salz und Pfeffer

schen möchte. Mit den jungen Kälbern aber / die unter der Kuh zu schneiden sind / verfahren etliche also; Sie nehmen den Hoden-Sack zwischen die zwey vordern Finger / und klemmen ihn fest ein / dann thun sie einen Schnitt hinein / und drücken die Nierlein heraus / schneiden sie aber gleich bey den Adern ab / und machen es nicht wie etliche grobe Schäfer / die die Nierlein mit den Zähnen / nebst dem Geäder / offt einer Spannen lang heraus ziehen / dadurch die Kälber mächtig verwüstet / und meistentheils bucklechte Ochsen werden.

Rechts-Anmerckungen.

Ad Cap. XLVII.

WEilen in diesem Capitel / annoch von den Kälbern gehandelt wird / als wollen wir bey solcher Gelegenheit noch so viel mercken / daß auch von denselben der Zehend zu geben / allermassen wir bey dem ersten Capitel dieser Abhandlung schon vorläuffig erinnert haben; Jedoch können wir an dieser Stell nur dieses einige noch mit beyzufügen nicht unterlassen / daß heut zu Tag sothaner Zehend sehr rahr / oder wol gar nicht mehr üblich seye / sondern daß man vielmehr an dessen statt / etwas gewisses an Geld / oder auch einen Käß / jährlich bezahle. Wie dann gemeiniglich heut zu Tag von einer Kuh ein Käß / oder dafür drey oder mehr Kreutzer / oder auch eine Maß-Butter (nachdeme man sich nehmlichen deßwegen miteinander verglichen;) entrichtet wird. vid. Casp. Loellus ad Tract. Joh. Werndtle. vom Zehend-Recht. Lib. 2. cap. vers. von Kälbern / Kützen / Lämmlein / etc. Welchem zu Folge dann Herr Diethert in seinem nutzlichen Unterricht vom Zehend-Recht / cap. 5. gedencket, daß an einigen Orten von einer tragenden Kuh / oder säugenden Kalb drey Pfennige gegeben werden. Wiewolen er zugleich auch dieses erzehlet / daß die Gemein zu St. und W. dem Geistlichen ein Kalb geben müsse / es geschehe gleich in zweyen oder dreyen Jahren / etc.

Das XXXVIII. Capitel.

Vom Melcken.

Innhalt.

§. 1. Wie offt die Kühe gemolcken werden. §. 2. Man soll sitzend melcken. §. 3 Ob man mit truckenen Händen melcken müsse. Auf die Melck-Mägde ist Acht zu haben. §. 4. Die Mägde soll man nicht zu jederzeit melcken lassen. §. 5. Vom Ausmelcken der kalbenden Kühe.

§. 1.

DJe Kühe werden im Sommer / in langen Tagen / dreymal gemolcken / nemlich Morgens / wann man sie austreibet / und zu Mittags und Abends / nachdem sie wieder von der Weide kommen sind: Um und nach Egidi aber gehöret das Mittag-Melcken auf dieweil der Hirt alsdann wegen der abnehmenden Tages-Länge / der anbrechenden Kälte / und des gefallenen ungesunden Thaues und den gantzen Tag über / mit dem Vieh auf der Weide liegen bleibet. Im Winter werden sie auch nur zweymal gemolcken / zu früh und zu Nachts / biß sie wieder nach Liechtmeß ausgetrieben werden.

§. 2. In Epiro sollen weiland / nach dem Zeugnus Aristotelis, solche grosse Kühe gezogen worden seyn / daß man sie stehend / oder nur ein wenig gebücket habe melcken müssen. Dann wann man unter sie hätte sitzen / und sie melcken wollen / so wären sie so hoch gewesen / daß man die Euter nicht hätte erreichen können. Allein bey uns sind sie / gegen diesen / wann nur Aristoteles das grosse Messer nicht erwischt hat / nach dem verjüngten Maasstab gerathen / welches daher zu ersehen ist / dieweil sie nicht wie diese stehend / sondern sitzend gemolcken werden; darzu daß die Mägde kleine niedere Stühlein oder Schemelein gebrauchen / dann wo sie stehend melcken wollten / so sehe ich nicht / wohin sie ihre Melck-Gelten setzen sollten / daß nicht viel Milch zu Schanden gienge: Allein so können sie solche auf die Schos nehmen / und / weil beyde Hände mit dem Melcken beschäfftiget sind / zwischen ihren Beinen desto besser halten / biß sie mit der Arbeit gantz und gar fertig werden.

§. 3. Die Mägde haben zum Theil einen Unterschied im Melcken / dann entweder melcken sie mit truckenen Händen / oder sie feuchten dieselben mit ihrem Speichel an / in Meinung / daß alsdann die Kühe nicht so streng sollen zu melcken seyn: Allein die Sache kommt meistens auf die Gewonheit an / und ist also nicht viel davon zu machen. Aber dieses mag sich als eine gute Erinnerung / eine Haus-Mutter lassen recommendiret seyn / daß sie öffters ungefehr die Ställe visitire / wann die Mägde melcken. Dann hierdurch werden sie dieselben in stäter Furcht und bey munterer Aufsicht erhalten / daß sie nicht / wie einige verschlaffene Ratzen / über dem Melcken einschlummern / und mit dem Licht einen Schrecken oder Schaden verursachen: Da dann zugleich das Vieh mit verderben muß / weil es von solchen nachlässigen Hampeln nicht rein wird ausgemolcken / dann sie verseigen gerne / und nehmen an der Milch darnach ab. Wo aber die Mägde sich befürchten müssen / jetzt den Augenblick kommen die Frau / so werden sie zehenmal eher die Augen wischen / als daß sie dieselben sollten zugehen lassen: oder die Zeit über / da sie melcken / sich mit einem Gesang aufmuntern / und nach Eobani Hessi Meinung:

Et mututinæ cantant ad plectra puellæ.

§. 4. Einige binden auch hier der Haus-Mutter ein / daß sie fleissig auf ihre Mägde Achtung geben sollte / damit sie nicht die Zeit über / da sie ihre monatliche Blume haben / die Kuhe melcken / und mit der Milch-Speiß umgehen. Sie geben auch die Ursach: Dieweil die Milch sauer wird und gerinne / wo sie nur von solchen unreinen Weibs-Personen angerühret oder angehauchet wird Und es ist wahr / daß dem Wein / Bier / Meth / Bienen / Bäumen und Pferden ein grosser Schade von ihnen auf diese Weise kan zugefüget werden: Allein / ob es bey der Milch angehe / kan ich so eigentlich nicht decidiren: Doch dieses kan ich sagen / daß deßwegen die Herren Schweitzer ihre

ihre Kühe selbsten melcken / und sich auch darmit groß wissen / daß nie keine Weiber-Hand darzu kommen seye.

§. 5. Endlich wird eine fleissige Haus-Mutter vor sich schon wissen / daß man die Kühe / nachdem sie gekälbert haben / sauber ausmelcken soll ; die Milch aber nicht zum Essen oder andern Sachen verbrauchen / sondern sie über das Küh-Fressen schütten / und selbiges damit einweichen. Hernach aber soll man sie nimmer melcken / dieweil die Milch anfänglich dick und unrein ist / und das Kalb dieselbe zur Nahrung gebraucht / biß 4. oder 5. Wochen vorbey / und sie ihres Kalbes wieder los worden ist / da mag man dann von neuen / nach fleissigem vorgegangenem Gebet / sich seinen Nutzen ins Haus-halten / von ihr machen / wie man will.

Rechts-Anmerckungen.

Ad Cap. XLVIII. §. 3.

Die Haus-Mütter sollen nicht allein ihren Mägden um deßwillen fleissig nachgehen / daß sie selbige in stätter Furcht und bey munterer Aufsicht erhalten / mithin hierdurch so viel zu weg bringen / daß durch ihre Verwahrlosung kein Schade geschehe / von dessen Abtrag und Ersetzung wir bey dem andern Cap. des dritten Buchs. §. 5. verb. gemeiniglich ungeschickte / unverständig und untügliche Leuth / ꝛc. (Confer. quoque notat. jurid. ad Lib. 1. cap. 11. §. 1. & 2.) gehandelt haben ; sondern es soll auch solches um der Ursach willen von ihnen vorgenommen werden / damit die Mägd / durch die allzugrosse Sicherheit nicht zur Untreu veranlasset werden / mithin die Milch dieblichen entwenden oder abtragen mögen / von welchem Haus-Diebstahl / und dessen Bestraffung wir bey dem zwölfften Cap. des ersten Buchs §. 6. gehandelt haben. Confer. not. jurid. ad cap. 2. §. 5. verb. zu geschweigen / daß durch. ꝛc. Item in verb. In seinen eigenen Nutzen wendet. Item Bayr. Malefiz-Ordn. tit. 12. art. 15. Rubr. vom Diebstahl der Ehehalten und des Gesindes.

(o)

Das XLIX. Capitel.

Von denen Geräthen / die zur Milch / Butter und Käse gehörig.

Innhalt.

§. 1. Nothwendiges Geräth ist bey Zeiten anzuschaffen. §. 2. Wird nacheinander genennet. §. 3. Und die Ordnung und Verwahrung an gewissen Oertern gelobt.

§. 1.

Es ist ein grosses Stück von der Klugheit eines Haus-Vatters / wann er / so bald er sich auf die Vieh-Zucht zu legen fest resolviret hat / bey Zeiten sich nach denen Geräthen / die zur Milch / Butter / Käse / gehören / umthut / und selbige anzuschaffen sorgfältig ist / damit er es im Fall der Noth nicht allererst bey dem Nachbarn auf die Borge nehmen müsse / und es ihm gehe wie dem Knecht Ruprecht / der wollte einen Reuter geben / allein er hatte keinen Gaul / da er aber einen Gaul bekam / da hatte er keinen Sattel / da er einen Sattel hatte / hatte er keine Stiefel und Sporn / und da er Stiefel und Sporn bekam / da hatte er keinen Degen / ꝛc. Man muß bey Zeiten an das nöthige Geräth gedencken / wann man sich wormit will einen Nutzen schaffen ; ja man solte wol gar / wo es nur ohne empfindlichen Geld-Verlust geschehen kan / sich alles zusammen doppelt anschaffen / damit / wann eines und das andere zu Trümmern und zu Schanden gehet / oder durch einen andern Zufall unsichtbar würde / man dannoch an dem Melcken / Ausbuttern / Schmaltz-giessen / Käse-machen und dergleichen / deßwegen nicht aufgehalten würde / noch den Nachbarn mit vielem Entlehnen beschwerlich fallen dürffe.

§. 2. Vor allen muß sich aber ein Haus-Vatter und Liebhaber der Vieh-Zucht mit einer genugsamen Anzahl Seig- und Melck-Häfen versehen / in welchen die Milch gesammlet / und zum Uberwerffen beyseits muß gestellet werden : Darnach muß er haben Kübel oder Schäffer mit Deckeln / in welche der Raum oder Kern gethan wird / mehr kleine Härine Sieblein / die Milch sauber durchzuseihen / grosse und kleine Butter-Fässen zum Ausbuttern / grosse eiserne Löffel den Raum von der Milch mit abzunehmen / Muldern oder Wannen / darinnen die Butter ausgemacht und zusammen gerichtet werden muß. Er soll auch keinen Mangel haben an kupffernen oder irrdenen Häfen / die Butter darinnen auszulassen / item an döhnern Häfen und Kübeln / in welche das ausgelassene Schmaltz gegossen und gethan soll werden ; noch weniger aber an Käse-Formen oder Käse-Näpfen / in welchen die Käse gemacht werden.

§. 3. Weil es aber nicht genug ist / in allem einen grossen Vorrath zu haben / dieweil leicht durch ein liederliches Handthieren und unterlassenes Auffsehen / sich bey dem grösten Uberfluß ein neuer Mangel ereignen kan / wann nemlich bald da / bald dorten ein Stuck zerbrochen / verlehnet / und in Winckel geworffen wird / wo es nicht jederman wiederum zu finden und zu suchen weiß / so thut ein Haus-Vatter wol daran / wo er einem jeden Geräth seinen besondern Platz und Ort zueignet / und sein Gesind auch dahin anhält / daß sie jedes / nachdem es gebraucht ist worden / wieder an sein behöriges Ort bringen / so kan man es im Nothfall alsobald finden / und wird nicht so bald etwas können verduschet / verdummelt und verlohren werden / daß es nicht ein fleissiger und aufsehender Haus-Vatter ins Gesicht bringen und zu wissen kriegen sollte.

Rechts-Anmerckungen.

Ad Cap. XLIV.

Diese Erinnerung von Anschaffung der Geräthe / soll nicht ausser Augen gesetzet werden / in Erwegung es nicht allein eine verdrüßliche / sondern auch eine sehr gefährliche Sach ist / selbige von andern entlehnen / und sich fremder Leute Sachen gebrauchen ; Und dieses nicht allein deßwegen / weilen die entlehnte Sachen mit grösserm Fleiß / als die eigene gehütet / und so aus dem geringsten Unfleiß oder Versaumnus / selbige geärgert / beschädiget / oder gar verlohren worden / der gegebene Schaden wieder ersetzet werden muß / l. 5. §. 2. l. 18. pr. ff. commod. §. 2. Inst. quib. mod. re contrah. oblig. & cap. un. X. commod. so / daß nur allein die unversehene / unglückliche Zufälle (wofern der Entlehner auch solche nicht auf sich genommen / l. 1. C. commod. cap. un. X. eod. oder durch sein Verschulden verursachet hat. l. 5. §. 4. & 7. ff. commod.) excipirt und ausgenommen werden / §. 2. Inst. quib. mod. re contrah. oblig. l. 5. §. 4. l. 18. pr. ff. commod. & l. 1. C. eod. sondern auch / weilen man so gar für die Nigligenz, Fahr- und Nachläßigkeit der Knechte und Mägde zu stehen und den von ihnen dergleichen Sachen zugefügten Schaden abzutragen schuldig ist. arg. §. f. Inst. de oblig. ex quasi del. Welches dann beschiehet / wann entweder die Mägd sothane Geschirr nicht bey Zeiten und nach vollendetem Gebrauch hinwieder heimgetragen / indessen aber selbige durch einen unversehenen Zufall zerbrochen. Bart. in l. 17. §. 3. num. 6. ff. commod. Oder wann selbige von den Mägden / den welchen sie die Haus-Mutter heimgeschicket / unterwegs verlohren / verderbet / oder gar entwendet ; d. §. f. J. de oblig. ex qs. del. oder endlich / wann bemeldte Geschirr von denen Mägdlein jemand anders (allermassen öffters geschiehet /) auch ohne Wissen und Willen der Haus-Mutter geliehen werden. dd. text.

Wann es aber ja geschiehet / daß unterweilen solche Geschirr entlehnet werden müssen ; So hat auch der Leiher sich bey solcher Handlung in Acht zu nehmen / daß er keine schadhaffte und unreine Geschirr für unschadhafft und nutzliche mit gutem Willen herleihe / gestalten er dann / wo dieses anders auf ihn zu bringen / und hierdurch dem Entlehner / (der gleichwol gemeint / daß die Geschirr gut und nutzlich seyn werden / auch deßwegen ohn alles Bedencken seine Milch darein fassen lassen /) einiger Schaden zugezogen worden / wol dahin angehalten

ten werden könnte / daß er solchen Schaden dem Entlehner gut mache / arg. l. 12. ff. commod. & l. 1. §. 4. ff. de O. & A. Wie er dann auch vor dem Verkauff der bestimmten Zeit weder die Geschirr wieder zuruck begehren / noch auch den Entlehner an dem Gebrauch derselben verhindern kan / l. 17. §. 3. ff. commod. & cap. un. X. eod. add. l. 75. ff. de R. J. Es wäre dann / daß besagte Geschirr ohne Bestimmung einer gewissen Zeit und Gebrauchs hingeliehen worden / angesehen es in diesem Fall wol in seiner Willkühr stünde / selbige nach seinem Belieben wieder abzufordern / vid. t. t. ff. de precar. in specie verò l. 12. ff. d. t. Conf. de tota hac materia Chur-Bayerischen Land-Recht. P. 1. tit. 3. Würtenbergischen Land-R. p. 2. fol. 146. & seqq. *Reformation* der Stadt Franckfurt. p. 2. tit. 13. *Reformat.* der Stadt Nürnberg. tit. 13. L. 1. 2 & 3. und *Reform.* der Stadt Worms. p. 2. Lib. 5. tit. 3. Add. not. jurid. ad cap. 17. §. 3. Lib. 1.

Ad §. 3. h. Cap.

Conf. hic. notat. jurid. ad Cap. præcedens XLVIII. §. 3.

Das L. Capitel.

Von der Milch / und wie sie zu behalten.

Innhalt.

§. 1.

Es ist nichts / das unter allen flüssigen Dingen / dem Menschen eine bessere Nahrung gibt / als die Milch / und mag es daher wol geschehen seyn / daß die Alten sie zu ihrer Speise erwählt / und so ein grosses Wesen davon gemacht haben. Wie man dann siehet und findet / daß sich die Ertz-Vätter und ihre Nachkommen / wie auch die Numidier und andere Völcker mit dem Vieh / als mit etwas anders geschleppet / dieweil sie von der Milch Speise ihren Unterhalt zu nehmen und zu suchen / von Jugend auf waren angewöhnet worden.

§. 2. Es theileten aber die Alten ihre Milch ein / in Lacovillum, caprinum, suillum, humanum, asininum, equinum und camelinum. Diese / die Camel-Milch / gebrauchten sie wegen ihrer durchdringenden und subtilen Krafft wider alle Verstopffungen. Die Esels-Milch muste auch sich wider die Engbrüstigkeit und die Verwundungen der Nieren und Blasen trincken lassen. Die Roß- oder Pferd-Milch gab denen wegen ihrer ausgebliebenen Zeit bekümmerten Weibern ein kräfftiges Artzney-Getränck / und so dieneten und nutzten auch die übrigen / eine jede aber nach dem Unterschied dessen / von dem es hergekommen.

§. 3. Was die Küh-Milch aber anbetrifft / von der wir hie reden / so ist zwar wahr / daß sie durchgehends nahrhafft seye: Allein es ist doch nicht zu laugnen / daß immer eine gesünder und besser als die andere seye / nachdem nemlich die Weide und das Futter beschaffen / und voneinander unterschieden ist / und mit welchem die Melck-Kühe gefüttert werden. So wissen es die Bauren gar wol / daß / wann ihre Kühe im Winter sich nur mit Stroh behelffen müssen / und kein Heu zu fressen bekommen / die Milch von ihnen ungeschmackt / und zum Buttern nicht wol tauglich sey. Daher geben auch die vermöglichen Bauren ihren Küh-Vieh über Winters Gersten-Stroh / Stoppeln / Heu und ander trucken Futter / damit nur die Milch desto angenehmer / besser und nahrhaffter werden möge. Im Sommer aber / weil sie wissen / daß sie / von grünem Gras und Kraut / eine Milch / die purgierende Art ist / bekommen / so sehen sie zu / wo sie ihnen entweder Weiden oder die Rinden von Weiden / zu verfüttern geben können. Man treibet sie auch auf fette / liebliche Klee-Weiden / davon sie fette / gesunde und schmaltzreiche Milch bekommen.

§. 4. Etliche Bauren-Weiber wissen die gute Milch von der geringern gar artlich zu unterscheiden. Sie geben aber auf folgende Stücke Acht: Ob sie schön / wolriechend / süßlicht / von gutem Geschmack / und etwas dick darbey seye; Ferners halten sie viel darvon / wo sie im Hin- und her Schencken und Giesen runde Tropfen giebt / die nicht bald voneinander fliessen. Wie es dann unter ihnen gewöhnlich ist / nach vorabgenommenen Geschmack / einen Tropfen auf den Nagel fallen zu lassen / bleibt er nun rund / und zerfleisset nicht gleich wiederum / so halten sie dieses vor ein gewisses Kenn-Zeichen einer guten Milch.

§. 5. So bald als man nun gemolcken hat / ist es gut / wo man gleich die Milch durch ein sauberes Tüchlein oder kleines härines Sieblein durchseihet / damit alles unreine Wesen und die von dem Vieh abgegangene Haar von der Milch mögten abgesondert und selbige gantz rein behalten werden.

§. 6. Will man sie darauf aufheben / und biß zum Gebrauch verwahren / so thut man solche etlicher Orten / in die so genannte Milch-Gruben oder Milch-Bronnen / die man in Gewölbern und Kellern haben soll / wann es nur wegen Gelegenheit des Orts seyn mag. Gemeiniglich aber heben und verwahrens die Bauren in ihren Gelten und Häfen so lang auf / biß sie ausbuttern / doch ist das die gemeine Observation dabey / daß sie kalte Oerter darzu nehmen. Im Winter aber laulichte / und im Frühling und Herbst müssen die Plätze nicht zu kalt und nicht zu warm / sondern temperirt seyn / wann anderst die Milch nicht verderben soll.

Rechts-Anmerckungen.

Ad Cap. L.

Daß die Milch auch unter die von dem Küh-Vieh kommende Nutzungen und Früchte gehöre / ist aus dem §. in pecudum 38. Inst. de R. D. erweißlich / woraus dann zu schliessen / daß wem die Nutzung

Westfälische Hammelkeule

Den Knochen aus der Keule lösen. Das Fleisch in eine Beize aus Buttermilch, Essig, Lorbeerblättern, Möhren, Zwiebeln, Pfeffer, Salz und Zucker legen. Einige Tage darin ziehen lassen. Mehrmals wenden. Abtrocknen, mit Speckstreifen spicken und im Fett rundum schön braun anbraten. Etwas Beize angießen, und den Topf in den Backofen schieben. Darin gar braten, häufig begießen. Mit Paniermehl den Bratfond binden, mit Sahne verfeinern und mit den Gewürzen pikant abschmecken. Das Fleisch in Scheiben schneiden, in der Soße warmhalten und mit Salzkartoffeln und Rosenkohl servieren.

1 Hammelkeule, 2 l Buttermilch, $^1/_4$ l Essig, 3 Lorbeerblätter, 2 in Scheiben geschnittene Möhren, 2 in Scheiben geschnittene Zwiebeln, 10 Pfefferkörner, im Mörser zerstampft, je 1 Tl. Salz und Zucker, 200 g Speck, 1 El. Butter, 1 Tasse Paniermehl, $^1/_2$ l saure Sahne, Pfeffer, Paprikapulver, je 1 Bund Petersilie und Schnittlauch

Hasenragout

Die Hasenteile 1 Nacht in 1 l Buttermilch legen. Das Hasenfleisch abtrocknen. Speck und Zwiebeln kurz in Butter anbraten, das Fleisch dazugeben und schön braun anbraten. Mit Wasser oder Brühe ablöschen, $^1/_2$ Tl. Salz zugeben und aufkochen lassen. Dann die Gewürze zugeben und alles so lange schmoren, bis das Fleisch weich ist. Die Soße mit Mehl binden. Mit Essig und Zucker süß-säuerlich abschmecken. Das Hasenragout soll dunkel glänzend aussehen. Dazu reicht man Nudeln oder Salzkartoffeln und Rotkohl.

Variante: Geben Sie 2 El. Pflaumenmus in das fertige Gericht.

1 l Buttermilch, 750 g Hasenfleisch (Vorderbeine, Bauchlappen, Rippchen, Hals, Kopf, Herz, Lunge, Leber), 50 g Butter, 40 g durchwachsener Speck in Scheiben, 2 Zwiebeln, gewürfelt, $^1/_2$ l Wasser oder Fleischbrühe, Salz, 3–4 Nelken, 8 Pfefferkörner, 1 Lorbeerblatt, 1 El. Zucker, 1 El. Mehl, etwas Essig

Gefüllte Eierkuchen »Waidmannsheil«

Das Hirschgulasch eine Nacht in Buttermilch legen. Danach herausnehmen, abtrocknen und in ganz kleine Würfel schneiden. Diese in der Butter und mit Speckwürfeln anbraten. Salzen und pfeffern, die Gewürze und abgetropften Pilze zugeben, kurz durchschmoren und mit Brühe ablöschen. Weichschmoren! Den Bratfond mit Mehl andicken, mit saurer Sahne verfeinern und warmstellen.

Das Mehl mit den Eigelb und der Buttermilch abwechselnd zu einem glatten Teig verrühren, würzen und 10 Minuten quellen lassen. Die Eiweiß zu steifem Schnee schlagen und unter den Teig heben. Öl in einer Pfanne erhitzen, je eine Suppenkelle voll Teig einlaufen lassen und von beiden Seiten zu goldgelben Eierkuchen abbacken. Auf jeden Pfannkuchen 2–3 El. Ragout geben, aufrollen und nebeneinander auf eine vorgewärmte Platte legen.

Gin erwärmen, anzünden und brennend über die Rollen gießen.

Dazu reicht man Kopfsalat in Sahnesoße oder Apfelmus und Preiselbeeren.

1. Füllung: 500 g Hirschgulasch, 1 l Buttermilch, 40 g Butter, 50 g durchwachsener Speck, Salz, Pfeffer, 2 Lorbeerblätter, 5 zerstoßene Wacholderbeeren, 1 große Zwiebel, 1 Dose Pfifferlinge, 1/8 l Brühe, etwas Mehl zum Binden der Soße, 2 El. saure Sahne

2. Eierkuchen: 500 g Mehl, 2 Eigelb, 1 Prise Salz, Pfeffer, 3/8 l Buttermilch, 2 Eischnee, Backfett

3. zum Flambieren: 2 Gläser Gin

Glückstädter Matjes

Die Matjes evtl. noch 1 Stunde wässern. In der Zeit die Soße zubereiten. Den Joghurt schaumig schlagen. Direkt in den Joghurt die Äpfel auf der Rohkostreibe raffeln. Die Zwiebeln ganz fein würfeln. Den Dill feinhacken. Zwiebeln, Dill und Piment zugeben. Die Soße kühl stellen. Die Matjes auf Eiswürfeln servieren. Dazu die Soße und Dampfkartoffeln reichen.

8 Matjesfilets, 2 Becher Joghurt, 3 Äpfel, 2 Zwiebeln, 1 Bund Dill, 1 Prise Piment

In Sauerrahm eingelegte Matjes

Die gewässerten Matjesfilets quer halbieren. Die saure Sahne mit dem Joghurt, mit Salz und Pfeffer verschlagen. Die steife Sahne locker unterheben. In einem Heringstopf lagenweise Soße, Heringe, Zwiebelscheiben, Apfelscheiben und wiederum Soße schichten. Die letzte Schicht sollte Soße sein. 1 Tag ziehen lassen und dann zu Pellkartoffeln und Salz oder zu kräftigem Landbrot essen.

8 gewässerte Matjesfilets, 2 Becher saure Sahne, 1 Becher Joghurt, 1/8 l ungesüßte, geschlagene Sahne, 2 Äpfel, 2 große Zwiebeln, Salz, Pfeffer

Errötende Jungfrau

Die Buttermilch mit dem Schneebesen gut schlagen, Zucker und Vanillezucker darin auflösen und die aufgelöste Gelatine einrühren. Kurz vor dem Gelieren noch einmal gut durchschlagen, in Portionsschalen füllen und durchkühlen. Herrlich erfrischend im Sommer.

1 l Buttermilch, 2 Päckchen gemahlene, rote Gelatine, 4 El. Zucker, 1 Päckchen Vanillezucker

Maracuja-Dessert

Den Joghurt mit dem Zucker schaumig schlagen. Die Sahne mit dem Vanillezucker und dem Zucker steifschlagen. Die Gelatine nach Vorschrift quellen lassen und auflösen. Alle 3 Zutaten vermischen und stokken lassen. Kurz vor dem Steifwerden den Likör unterheben. In Portionsschälchen füllen, stocken lassen und mit Gebäckröllchen servieren.

3 Becher Joghurt, 2 El. Zucker, 1/4 l Sahne, 2 Päckchen Vanillezucker, 1 El. Zucker, 1 Päckchen gemahlene, weiße Gelatine, 3–4 El. Maracujalikör

Fruchtjoghurt, holländische Art

Die gewaschenen und geputzten Früchte lagenweise mit den Nüssen, dem zerkrümelten Brot, dem Zimt-Zucker-Gemisch und dem verquirlten Joghurt in hohe Gläser füllen und kühl stellen.

Ein köstlicher Nachtisch!

1/2 l Joghurt, 250 g Erdbeeren, Johannisbeeren, Kirschen oder Pflaumen, 4 El. gemahlene Nüsse, 4 Schnitten dunkles Roggenbrot, 4 El. Zucker, 1 Tl. Zimt

Obstsalat mit Joghurtsoße

Das Obst waschen, putzen und in Würfel schneiden. Leicht zuckern. Den Apfelsinensaft und Honig erwärmen, so daß der Honig sich auflöst. Abgekühlt mit den anderen Zutaten verquirlen und über den Obstsalat geben. Gut durchkühlen lassen.

Salat: 1 Melone, 2 Bananen, 2 Apfelsinen, 250 g Weintrauben, etwas Zucker

Soße: 150 g Joghurt, 1/8 l Apfelsinensaft, 2 El. Honig, 1 Messerspitze Zimt 2 Eigelb, 1 El. geraspelte Apfelsinenschale

Buttermilchstuten

Buttermilchstuten nach dem Grundrezept (Hefeteig s. S. 44) zubereiten. Buttermilch, Quark, Zucker, Salz und Schmalz zusammen lauwarm untermengen.

500 g Weizenmehl,
500 g Roggenmehl,
1/4 l Buttermilch,
250 g Magerquark,
40 g Hefe, 1/2 El.
Zucker, 1/2 El. Salz,
60 g Schmalz

4. QUARK

Quark-Ideen zum Frühstück

Sie sollten – wenn Sie schlankheitsbewußt essen – morgens Ihr Brot, sei es Knäckebrot, Grahambrot, Dreikornbrot u.a., öfter mal mit angemachtem Quark bestreichen. Wechseln Sie die Geschmacksrichtungen, damit das Frühstück nicht langweilig wird.

1. Frühlingsquark

250 g Magerquark, etwas Milch, 1 Tl. Salz, 1 Prise Pfeffer, je 1/2 Bund Schnittlauch, Petersilie und Dill, 1 Zwiebel, 1/2 Knoblauchzehe

Alles gut vermengen.

2. Meerrettichquark

250 g Magerquark, etwas Milch, viel frisch geriebener Meerrettich, Salz

Gut verrühren!

3. Sprenkelquark

250 g Magerquark, 1 rote Paprikaschote, 1 Gewürzgurke, 1 Zwiebel, 1 El. Petersilie, 2 gehackte Radieschen, 1 Tl. grüner Pfeffer, 1 Prise Salz und Zucker

Ebenfalls gut verkneten.

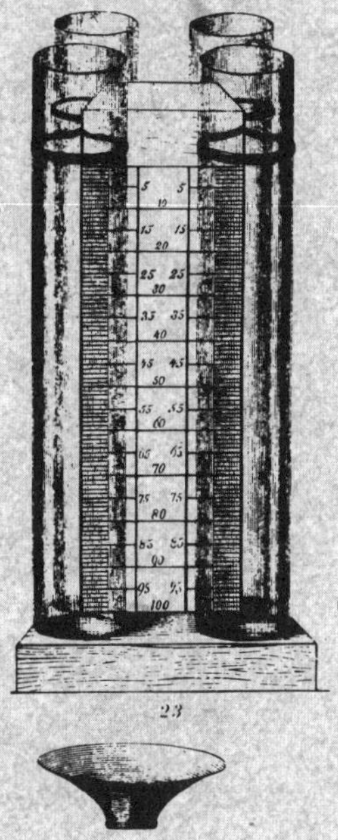

4. **Bauernquark**

250 g Magerquark, etwas Milch, Salz, 2–3 Scheiben gewürfelter Schinken, 1 Gewürzgurke, 1 zerkrümelte Scheibe Pumpernickel

Gut durchziehen lassen.

5. **Spanischer Quark**

250 g Magerquark, etwas Milch, 2 Scheiben Räucherlachs, 6 gehackte schwarze Oliven, 1 grüne Paprikaschote

Mit Pfeffer scharf abschmecken.

Alle Quarkmischungen schmecken desto intensiver, je feiner ihre Zutaten gehackt wurden. Häufen Sie den Quark hoch aufs Brot, und garnieren Sie die Schnitten mit Tomatenscheiben, Schnittlauchröllchen, Olivenscheiben, Zwiebelringen oder Radieschen.

Verschiedene süße Quarkfüllungen

für Windbeutel, Törtchen oder als Brotaufstrich

1. **Haselnußquark**

250 g Sahnequark mit etwas Milch und Zucker verrühren, gemahlene Haselnüsse nach Geschmack unterheben.

2. Rosinenquark

1/2 Tasse Rosinen in Rum vorquellen lassen. 250 g Sahnequark mit den Rosinen, etwas Milch und Rum verrühren. Zucker nach Geschmack zugeben. Wer mag, kann noch gehackte Mandeln zugeben.

3. Schokoladen-Preiselbeerquark

250 g Sahnequark mit etwas Milch verrühren. 1–2 El. Preiselbeeren unterheben, mit geraspelter Schokolade und Zucker süßen.

4. Aprikosenquark

1 Tasse Aprikosenkompott mit 250 g Sahnequark und etwas Zucker glattrühren. Es schmeckt ebenso gut, wenn Sie Erdbeeren, Himbeeren, Kirschen oder auch Brombeeren bevorzugen.

5. Makronenquark

250 g Sahnequark mit etwas Milch und Maraschinolikör verrühren. Maraschinokirschen und Makrönchen feinhacken. Beides mit etwas Zucker unterheben.

Liptauer

100 g Magerquark,
1 El. Butter, 1 El.
Milch, 1 Tl. Senf, je
1 Tl. gehackte Kapern
und Zwiebeln,
1 gehackte Gewürz-
gurke, je 1 Messer-
spitze Paprika,
Sardellenpaste, Curry,
Kümmel, Salz

Alle Zutaten zu einem streichfähigen Brotaufstrich verrühren.

Quark-Igel

500 g Magerquark,
1 Gewürzgurke, 1 El.
gehackte Kapern,
1 kleine Zwiebel, Salz,
Pfeffer, Paprikapulver,
3–4 Scheiben
Pumpernickel,
1/2 Päckchen Salz-
stangen

Den Quark mit den gehackten Zutaten (Gurke, Zwiebel, Kapern) und den Gewürzen zu einem pikanten Brei verkneten. Auf einem Teller zu einem Igel formen. Den Kopf mit nasser Alufolie abdecken. Den Leib des Igels mit zerbröseltem Pumpernickel bestreuen. Das Papier abnehmen und 2 Brösel als Augen einsetzen. Kaltstellen! Kurz vor dem Servieren steckt man halbierte Salzstangen als Stacheln in den Igel. Buttern Sie Pumpernickeltaler und reichen Sie sie dazu.

Ein bekömmliches und schlankheitsbewußtes Abendbrot.

Heringe, Pellkartoffeln und Quarkstippe

Die Heringe 12–24 Stunden wässern, ausnehmen und noch einmal gründlich waschen. Die Kartoffeln in der Schale kochen und bei Tisch pellen. Dazu reicht man eine halbweich gerührte Soße aus Quark, Milch, Salz, Pfeffer, feingehackten Zwiebeln, feingeschnittenem Schnittlauch und Butter.

Ein preiswertes und gesundes Essen.

4 Salzheringe,
750 g Kartoffeln,
250 g Magerquark,
etwas Milch, Salz,
Pfeffer, 2 Zwiebeln,
1 Bund Schnittlauch,
1 Stich Butter

Gefüllte Pfannkuchen, wie sie die Tschechen lieben

Aus den Pfannkuchenzutaten einen mittelweichen Teig rühren und diesen 10 Minuten zum Quellen beiseite stellen. Den Quark in der Zwischenzeit mit den übrigen Zutaten vermengen. Aus dem Pfannkuchenteig kleine Pfannkuchen backen, diese mit Quarkmasse füllen und aufrollen. Nebeneinander in eine gebutterte Auflaufform legen. Mit Butterflöckchen, Mandeln und Zucker bestreuen und bei 250° schön kroß überbakken. Dazu reicht man warme Frucht-oder Weinschaumsoße.

1. Pfannkuchen: 125 g Mehl, 3/8 l Milch, 4 Eier, 1/2 El. Zucker, 1 Prise Salz, Öl zum Backen

2. Füllung: 500 g Magerquark, 2 Eier, 2 El. Zucker, abgeriebene Schale von 1 Zitrone, 1 Messerspitze Zimt, 1 Päckchen Vanillezucker, 50 g Korinthen, 40 g gehackte Mandeln

3. Zum Bestreuen: 50 g Butterflöckchen, 3 El. geriebene Mandeln, 3 El. Hagelzucker

Sächsische Quarkkeilchen mit Aprikosenkompott

Die Kartoffeln in der Schale kochen, pellen und erkalten lassen. Kalt durch eine Presse drücken. Den Schnee mit dem Quark, dem Mehl, Zucker und den Eiern verkneten. Ebenso gehören Zitronenschale und Korinthen hinein. Aus dem Teig Keilchen formen, in heißem Fett von allen Seiten goldbraun braten und heiß mit Aprikosenkompott servieren. Für das Kompott entsteint man die Aprikosen, setzt sie mit etwas Wasser, Zukker und Zimt auf den Herd und kocht sie schnell weich. Auskühlen lassen!

Kompott: 250 g Aprikosen, 2 El. Wasser, 2 El. Zucker, 1 Messerspitze Zimt

Keilchen: 500 g Kartoffeln, 250 g Quark, 100 g Mehl, 75 g Zucker, 3 Eier, abgeriebene Schale von 1/2 Zitrone, 2 El. Korinthen, Fett zum Braten

Quarkauflauf mit Kirschen

Die Eier trennen. Die Eigelb mit der Butter und dem Zucker schaumig rühren, Quark, Grieß, Zitronenschale und Backpulver einarbeiten. Die Eiweiß zu steifem Schnee schlagen. Diesen mit 2/3 der Kirschen unter den Teig heben. Eine Auflaufform gut fetten, den Teig einfüllen und mit Zimt-Zucker, Mandelblättchen und Butterflöckchen bestreuen. Goldbraun backen.

Für die Soße die Sahne steifschlagen, den Joghurt unterheben und mit Zucker und Kirschsaft abschmecken. Die restlichen Kirschen um den heißen Auflauf garnieren. Sofort mit der Soße servieren.

4 Eier, 80 g Butter, 120 g Zucker, 500 g Quark, 150 g Grieß, 1/2 P. Backpulver, 500 g Sauerkirschen, abgeriebene Schale von 1 Zitrone, Zimt-Zucker, 20 g Mandelblättchen, Butterflocken

Soße: 1/8 l Sahne, 1 Becher Joghurt, etwas Kirschsaft, 2 El. Zucker

Quark als Stippmilch

Der Quark wird mit der Milch zu einer glatten Creme verrührt und gesüßt.

Man reicht die Stippmilch mit Zimt und Zucker, oder aber man legt frische Früchte wie Erdbeeren, Himbeeren, Johannisbeeren, Pfirsiche, Aprikosen, Kirschen, Brombeeren oder Waldbeeren in eine Schale und deckt die Früchte mit Stippmilch ab.

500 g Quark, 3/8 l Milch, 2–3 El. Zucker

Westfälische Quarkspeise

Quark anmachen wie bei Stippmilch.

Der Pumpernickel wird zwischen den Händen zerrieben, mit etwas Zucker gemischt und mit Rum getränkt. Darüber reibt man Schokolade grob und mischt auch diese unter.

Dann füllt man lagenweise in eine Glasschüssel: Quark, Pumpernickelgemisch und das Obst.

Dazu reicht man eine Vanillesoße.

Außerdem: 125 g Pumpernickel, 4 El. Rum, 125 g Schokolade, 1 kleines Glas Apfelmus oder Preiselbeeren

Orangen-Quark

Die Eier schaumig schlagen. Den Quark damit verrühren, Zucker und soviel Orangensaft zugeben, daß eine süße, weiche Creme entsteht. Wer mag, kann noch etwas Rum einrühren.

500 g Magerquark, 2 Eier, Saft von 1–2 Orangen, 3 El. Zucker

Vanillequark

1. Den Quark mit Milch und Zucker verrühren. 2. Die Milch erhitzen, mit dem Puddingpulver und dem Zucker zu einer Creme kochen und abkühlen lassen. 3. Beide Teile vermengen und, mit Schokoladenraspeln verziert, servieren.

1. 250 g Speisequark, etwas Milch, 2 El. Zucker

2. ½ l Milch, 40 g Zucker, 1 Päckchen Vanillepuddingpulver

Rumcreme

Die Eier verschlagen, den Quark damit verrühren. Den Zitronensaft, die abgeriebene Schale, den Zucker und Vanillezucker zugeben und unterrühren. Mit dem Rum anreichern. Diese Creme in Cocktailschälchen füllen und mit Früchten aus dem Rumtopf garnieren.

500 g Magerquark, 2 Eier, Saft und Schale von 1 Zitrone, 3 El. Zucker, 1–2 El. Rum aus dem Rumtopf, 1 Päckchen Vanillezucker, Früchte aus dem Rumtopf

Süßes Quark-Öl-Teig-Gebäck

Alle Zutaten gut miteinander zu einem glatten Teig verkneten.

Aus diesem Teig lassen sich viele Gebäck-Variationen herstellen:

1. Rollen Sie ihn auf Blechgröße aus, fetten Sie das Blech, legen es mit dem Teig aus und belegen ihn mit halbierten Pflaumen, Apfelstücken oder mit Zimt-Zucker und Butterflöckchen. Abbacken bei 200° – 20 Minuten.
2. Streichen Sie auf den auf Blechgröße ausgerollten Teig eine kaltgerührte Quarkmasse aus:

   100 g Butter, 3 Eiern, 250 g Zucker, 1 kg Quark, 2 El. Grieß, abgeriebener Zitronenschale und je 50 g Rosinen und Korinthen

Grundrezept für den Teig:

150 g Magerquark, 6 El. Milch, 6 El. Öl, 75 g Zucker, 1 Päckchen Vanillezucker, 300 g Mehl, 1 Päckchen Backpulver

Bei 200 ° – 60 Minuten Backzeit.

3. Kneten Sie unter den Teig eine Handvoll Rosinen, formen Sie Brötchen daraus und bestreichen sie mit Eigelb. Bei 200 ° etwa 20 Minuten abbacken.
4. Rollen Sie den Teig aus, bestreuen ihn mit je 50 g Rosinen, Korinthen, Mandeln und Zucker und rollen ihn ein. In 1 1/2 cm breite Scheiben schneiden und diese bei 200 ° in 20 Minuten abbacken. Sofort nach dem Backen mit Puderzukkerglasur überziehen.

Würstchen in Quark-Ölteig

10–12 Bratwürstchen, 125 g Magerquark, 4 El. Milch, 2 Eigelb, 4 El. Öl, 1 Tl. Salz, 250 g Mehl, knapp 1 Päckchen Backpulver

Den Quark mit allen Zutaten außer Mehl und Backpulver gut verrühren. Mehl und Backpulver mischen und eßlöffelweise unter den Teig heben, bzw. kneten. Ausrollen und 10–12 Rechtecke daraus schneiden, je nach der Länge der Würstchen. Die Bratwurstmasse aus dem Darm drücken und in die Teigstücke einschlagen. Die Ränder mit Eiweiß bestreichen und andrücken. Die Wurstbrötchen obenauf mit Milch oder Eigelb bestreichen. Bei 175 °–200 ° im vorgeheizten Backofen etwa 15–20 Minuten backen lassen.

Heiß zu gut gekühlten Gemüsesalaten, zu Gürkchen und mit Senf servieren.

Quarkstollen

Mehl und Backpulver mischen, in die Mitte eine Vertiefung drücken. Da hinein Zucker, Vanillezucker, Gewürze und Eier geben und mit etwas Mehl zu einem dicken Brei verarbeiten. Das in Stücke geschnittene Fett, den Quark, das Trockenobst und die Mandeln einarbeiten und alles zu einem glatten Teig verkneten. Zu einem Stollen formen und auf ein gefettetes und bemehltes Backblech legen. Bei 175 ° etwa 60 Minuten backen lassen.

Noch heiß mit flüssiger Butter bestreichen. Abgekühlt mit Puderzucker bestäuben.

500 g Mehl, 1 Päckchen Backpulver, 200 g Zucker, 1 Päckchen Vanillezucker, 1 Prise Salz, 4 Tropfen Bittermandelöl, 1 Fläschchen Rum-Aroma, 4 Tropfen Zitronenöl, je 1 Messerspitze Kardamom und Muskatblüte, 2 Eier, 125 g Butter, 50 g Rindertalg, 250 g Quark, je 150 g Korinthen, Rosinen, gehackte Mandeln oder Nüsse, Sukkade oder Orangeat

Zum Bestreichen: Butter

Zum Bestäuben: Puderzucker

Käse-Sahne-Torte

Die Eigelb mit dem Wasser, dem Zucker und Vanillezucker schaumig schlagen. Eiweiß zu steifem Schnee schlagen, auf den Eigelbschaum packen. Darüber Mehl, Backpulver und Stärke sieben. Vorsichtig unterheben.

Eine Springform von 24 cm Ø mit Pergamentpapier auslegen und fetten. Den Teig einfüllen und bei 180 ° etwa 30 Minuten abbacken. Den Kuchen auskühlen lassen und einmal durchschneiden.

Den Quark mit dem Saft und der abgeriebenen Schale der Zitrone, dem Zucker und dem Eigelb verrühren. Die Gelatine nach Vorschrift auflösen und in den Quark mengen.

Den unteren Boden in die Springform legen, den Quark einfüllen und den oberen Boden auflegen. 2 Stunden kaltstellen. Mit Puderzucker bestäuben. Die Torte bekommt eine erfrischende Note, wenn Sie in den Quark 1 Dose abgetropfte Mandarinen geben.

1. Biskuitteig: 2 Eigelb, 2 El. heißes Wasser, 100 g Zucker, 1 Päckchen Vanillezucker, 75 g Mehl, 50 g Speisestärke, 1 Tl. Backpulver, 2 Eiweiß

2. Füllung: 500 g Sahnequark (40 %) oder 375 g Magerquark und 1/4 l Sahne, Saft und Schale von 1 Zitrone, 125 g Zucker, 1 Eigelb, 1 1/2 Päckchen gemahlene, weiße Gelatine

Zum Bestäuben: Puderzucker

Schachbrett-Torte

Biskuitboden herstellen, in einer Springform ∅ 22 cm abbacken, den erkalteten Boden 3 × durchschneiden und mit Kirschwasser tränken. Die mittleren 2 Böden in 2 cm breite Ringe schneiden. Den unteren Boden dünn mit der Creme bestreichen. Die Ringe versetzt auf diese Creme setzen, die Zwischenräume mit Creme füllen. Den 4. Boden auflegen, außen mit Creme bestreichen und die Ränder mit Streuseln bewerfen. Mit Cremetupfen, kandierten Kirschen und Schokostreuseln garnieren.

Biskuit:
4 Eigelb, 4 El. heißes Wasser, 150 g Zucker, 1 Prise Salz, 1 abgeriebene Zitronenschale, 4 Eiweiß, 100 g Gustin, 1 Tl. Backpulver, 80 g Mehl, 40 g Kakao

Tränken: 6 El. Kirschwasser

Füllung: ½ l Milch, 1 Päckchen Vanillepudding, 200 g Zucker, 250 g Quark, Schale und Saft von einer Zitrone, 1 Päckchen weiße Gelatine, ¼ l Sahne

Belag:
Schokoladen-Streuseln, Kirschen (kandiert)

5. BUTTER

DAIRY SUPPLY Co. Ltd
LONDON EDINBURGH
CORK BELFAST
CHAMPION

Buttermischungen

Wichtig für die Anfertigung der verschiedenen Buttersorten ist zimmerweiche Butter.

1. Kräuterbutter

250 g Butter, 1 Streuer Kräuterbuttergewürz oder frisch: 1/2 Bund Petersilie, 1/2 Bund Dill, 1/2 Bund Schnittlauch, 1 Knoblauchzehe, 1 große Prise Salz, 1 große Prise Pfeffer, 1 Zwiebel, 1/2 Tl. ger. Kerbel, 1/2 Kästchen Kresse, 1/2 Bund Pimpinelle

Die Butter mit den feingehackten Kräutern und Gewürzen verkneten. Kräuterbutter eignet sich vorzüglich zum Einbacken von Schnecken (konservierte Schnecken mitsamt Brühe in Schneckenhäuser füllen, diese mit Kräuterbutter zustreichen, im Backofen auf besonderen Tellern erhitzen), zur Dekoration von gegrillten Steaks oder zum Grillen von Forellen.

2. Currybutter

250 g Butter mit 2–3 Tl. Curry verkneten. Currybutter auf getoastetes Brot streichen und zu Geflügelsalat servieren oder aber eßlöffelweise in Hühnerbrühe geben und diese mit Sahne legieren.

3. Sardellenbutter

250 g Butter mit 1/2 Tube Sardellenpaste verarbeiten. Sardellenbutter schmeckt gut zu gegrilltem Fleisch und Pellkartoffeln oder aber als Brotbelag, garniert mit hartgekochten Eischeiben.

4. Erdnußbutter

Geröstete Erdnüsse in der Mandelmühle mahlen und nach Geschmack unter die Butter arbeiten. Köstlich auf Brot ist sie Beilage zu allerlei frischen Salaten.

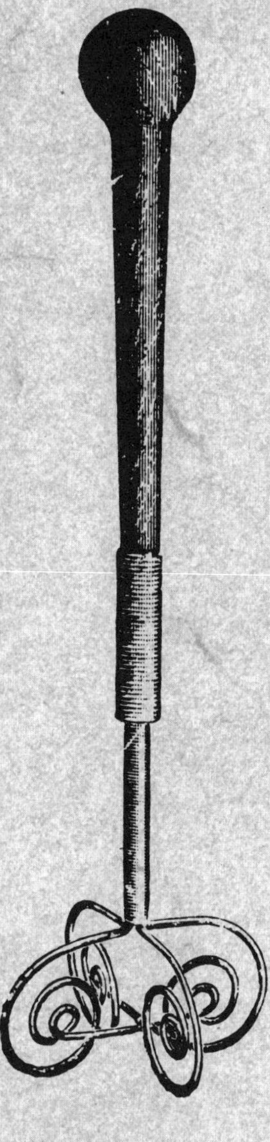

5. Lachsbutter:

250 g Butter mit Lachspastete nach Geschmack verkneten. Lachsbutter ist kulinarische Beilage zu Toast und Eiern, zu gegrilltem Fisch und gekochtem Geflügel.

6. Hummer- bzw. Krebsbutter:

1 Paket Butter mit püriertem Hummer- bzw. Krebsfleisch und 1 Prise Salz vermischen. Diese Butter ist exquisiter Brotaufstrich, ist wunderbare Geschmacksabrundung zur Hummersuppe und macht Krabbenragouts noch kräftiger im Geschmack.

7. Senfbutter:
Unter 250 g Butter mischt man 4 hartgekochte, ganz feingehackte Eier, 2 El. Senf, Salz und Zucker nach Geschmack. Gut zu gekochtem oder gebackenem Fisch, zu Pellkartoffeln oder gegrillten Fleischstücken.

Badischer Butter-Spargel mit Eierpfannkuchen

Den Spargel vom Kopf nach unten schälen. Die holzigen Enden abschneiden. Den Spargel bündeln und in kochendes Salzwasser, das mit Butter und Zucker versetzt ist, legen. 15–20 Minuten kochen lassen.

Die Butter zerlassen und warmstellen. Aus den angegebenen Zutaten einen glatten Pfannkuchenteig rühren und diesen 10 Minuten zum Quellen beiseitestellen. Zu dünnen Pfannkuchen ausbacken. Den heißen Spargel mit der zerlassenen Butter begießen und mit den Pfannkuchen zusammen servieren.

Spargel: 1 kg Spargel, 2 l Salzwasser, 1 walnußgroßes Stück Butter, 1 Tl. Zucker, 60 g Butter

Eierpfannkuchen: 250 g Mehl, 2 Eier, 1/2 l Milch, 1 Tl. Salz

Fischkuchen

Teig: 250 g Mehl, 150 g Butter, 1/2 Becher Joghurt, Salz

Füllung: 250 g Fischfilet, 1 kleine Dose Champignons, 1 Dose Muscheln im eigenen Saft, 1 Dose Krabben, 1/8 l Weißwein, 1/8 l Sahne, 3 Eigelb, 2 El. Mehl, Saft von 1 Zitrone, Salz, Pfeffer

Das Mehl mit der Butter und dem sehr kalten Joghurt verkneten, Salz einarbeiten. Den Teig kalt stellen.

In der Zwischenzeit den Fisch in etwas Weißwein und Krabbenbrühe geben und vorkochen.

Den Teig in 2 gleichgroße Teile teilen und ausrollen. Eine kleine Kuchenform oder Auflaufschüssel buttern und mit der 1. Hälfte des Teigs ausschlagen. Die Ränder hoch andrücken.

Den Fisch aus dem Sud nehmen. Diesen Sud mit dem restlichen Wein und dem Champignonwasser auffüllen und aufkochen. Die Sahne mit den Eigelb, dem Mehl und Zitronensaft verquirlen und einrühren. Fisch, Champignons, Muscheln und Krabben einlegen und einmal aufkochen lassen. Mit Salz und Pfeffer abschmecken. Auf den Kuchen füllen, den Teigdeckel auflegen, den Rand andrücken und mit Eigelb bestreichen. Bei 180° etwa 60 Minuten im vorgeheizten Ofen abbacken. Heiß servieren. Dazu nur Stangenweißbrot und Salat reichen.

Gefüllte Zwiebacktorte

Butter und Zucker mit den Eiern schaumig rühren. Die zerriebenen Zwiebäcke mit Sahne oder Milch vermengen und hinzugeben. Danach Backpulver und Rum einrühren. In eine gefettete Rehrückenform füllen und bei 180° etwa 40 Minuten backen. Danach stürzen und auskühlen lassen.

Die Milch mit dem Creme-Instant-Pulver vermischen, bis eine gleichmäßige Creme entstanden ist. Butter gut schaumig rühren und die Creme nach und nach unter ständigem Rühren dazugeben.

Die Zwiebacktorte 2 × durchschneiden, mit der Creme füllen, zusammensetzen und von außen bestreichen. Mit Cremetupfern verzieren. Gut durchkühlen lassen.

1. 100 g Butter, 125 g Zucker, 8 Eier, 150 g Zwiebäcke, 1/4 Tasse Sahne oder Milch, 1 Tl. Backpulver, 1 El. Rum

2. 1/2 l Milch, 1 Beutel Creme-Instant-Pulver, 250 g Butter

Butterkuchen

Den Teig ausrollen, auf ein gefettetes Backblech legen und gehen lassen. In die Teigplatte mit 2 Gabeln kleine Löcher reißen. Die Butter in Flocken auf dem Teig verteilen, vor allem aber die Flöckchen in die Löcher setzen. Mit Zimt und Zucker bestreuen und goldgelb abbacken. Möglichst frisch essen.

1 Rezept-Hefegrundteig (s. S. 44)
Belag: 125 g Butter, 125 g Zucker, 2 Tl. Zimt

Heidesand

Die Butter bis zum Braunwerden zerlassen und wieder auskühlen lassen. Die fast erstarrte Butter mit dem Zucker, Vanillezukker und der Milch schaumig rühren. Dann das mit dem Backpulver vermischte Mehl unterarbeiten, so daß ein geschmeidiger Knetteig entsteht. Daraus eine etwa 3–4 cm dicke Rolle formen. Diese in den Kühlschrank stellen und so lange durchkühlen, bis sie hart ist. Ein Backblech fetten, von der Rolle etwa 1/2 cm dicke Scheiben abschneiden und diese auf das Blech legen. Bei 180° etwa 10–15 Minuten im vorgeheizten Backofen auf der mittleren Schiene abbacken.

300 g Butter, 250 g Zucker, 2 Päckchen Vanillezucker,
2 El. Milch,
400 g Mehl,
1 Tl. Backpulver

Butterbrötchen

Einen Tag vor dem Backen den Knetteig herstellen und im Kühlschrank kaltstellen. Am folgenden Tag ausrollen, runde Plätzchen abstechen und abbacken. Die Creme kalt anrühren und im Wasserbad dick schlagen. Die ausgekühlten Plätzchen dünn damit bestreichen und je zwei zusammensetzen.

Einen Tag lang durchziehen lassen.

Teig: 500 g Butter, 500 g Zucker, 1kg Mehl, 4 Eier,

Creme: 125 g Butter (keine Margarine), 125 g Zucker, Saft von 3–4 Zitronen, abgeriebene Schale von 1 Zitrone, 4 Eigelb

6. KÄSE

Französische Zwiebelsuppe

Die Zwiebeln häuten und in Scheiben schneiden. Die Knoblauchzehe zerdrücken. Beides in Butter goldgelb anbraten, mit Brühe ablöschen und gut durchkochen. Den Wein zugeben und erneut erhitzen. Das Brot rösten, dick mit Käse bestreuen. Die Suppe in vorgewärmte feuerfeste Tassen füllen, je eine Scheibe Käsebrot auflegen und kurz im Ofen überbacken.

8 dicke Zwiebeln, 40 g Butter, 1 Knoblauchzehe, 1 l Fleischbrühe, 1/4 l Weißwein, 4 Scheiben Stangenweißbrot, geriebener Käse

Hawaii-Toast

Das Brot toasten, buttern und nacheinander mit Schinken, Ananas und Käse belegen. Im Ofen überbacken, bis der Käse zerläuft.

4 Scheiben Toastbrot, etwas Butter, 4 Scheiben gekochter Schinken, 4 Scheiben Ananas, 4 Scheiben Käse

Champignon-Toast

Die Champignons in der Butter dünsten, bis fast alle sich bildende Flüssigkeit verdampft ist. Das Mehl darin anrösten, die Milch zugießen und gut durchkochen. Den Käse darin schmelzen lassen. Das Brot auf einer Seite toasten, die andere Seite mit Butter bestreichen und mit Champignons dick belegen. Unter den heißen Grill schieben und schnell überbacken. Mit Petersilie bestreut zu Tisch geben.

1 große Dose Champignons, III. Wahl, oder 500 g frische Pilze, 1 El. Butter, 1 Prise Salz, 1 El. Mehl, 1/8 l Milch, 2 Ecken Schmelzkäse, Petersilie, 4 Scheiben Toastbrot, Butter

Mornay-Toast

Das Brot von einer Seite toasten. Von der anderen Seite mit Butter bestreichen. Den Schinken von beiden Seiten kurz in Butter anbraten, abgekühlt auf den Toast legen. Für die Soße die Butter in einem Topf zerlassen, das Mehl goldgelb darin rösten und mit Milch ablöschen. Gut durchkochen lassen, so daß eine dickliche Soße entsteht. Die Eigelb mit dem Senf und Käse verquirlen und in die noch heiße, aber nicht mehr kochende Soße rühren. Die gehackten Eier zugeben. Den Spargel auf den Schinken legen, darüber die Soße streichen und im Backofen schnell überbacken. Der Toast ist gut, wenn die Soße leicht braun ist.

4 Scheiben Toast, etwas Butter, 4 dicke Scheiben gekochter Schinken

Soße: 20 g Butter, 30 g Mehl, etwa 1/4 l Milch, 2 Eigelb, 2 Tl. scharfer Senf, 8 El. geriebener (milder) Käse

1 kleine Dose Stangenspargel, 4 hartgekochte Eier

Käsekrusteln

Das Brot bzw. die Brötchen in Scheiben schneiden, buttern und dick mit Schmelzkäse bestreichen. Kurz unter den Grill schieben und sofort servieren.

1/2 Stangenbrot (Baguette) oder 4–5 Brötchen, etwas Butter, Sahneschmelzkäse

Welsh Rarebits

Die Hälfte des Käses mit dem Bier, dem Senf und den Gewürzen im Wasserbad zum Schmelzen bringen und verrühren. Brot mit Butter bestreichen, mit der Creme dick bedecken. Die andere Hälfte des Käses darüberstreuen und für 8–10 Minuten unter den Grill schieben. Warm essen.

200 g geriebener, milder Käse, 1 El. Senf, 1/8 l Bier, Salz, Pfeffer, 4 Scheiben Weißbrot, Butter zum Bestreichen

Pfefferkäse

Den Frischkäse mit Sahne glattrühren, salzen und mit grünen Pfefferkörnern anreichern. Als Creme ist er pikanter Brotaufstrich, als Soße paßt er gut zu gegrilltem Fleisch, zu Pasteten und zu Geflügel.

200 g (1 große Pakkung) Doppelrahm-Frischkäse, 1 Prise Salz, etwas Sahne, 2–3 Tl. grüner Pfeffer, ersatzweise 1–2 Tl. grobgemahlener, schwarzer Pfeffer

Cocktailtörtchen mit Cremefüllung

Die Törtchen im Backofen kurz aufbacken. Den Frischkäse mit dem Zucker, dem Vanillezucker und dem Sherry verrühren, in einen Spritzbeutel füllen und in die Törtchen spritzen. Mit Weintrauben oder Walnußhälften garnieren.

1 Paket Cocktailtörtchen (als Dauerbackware in Feinkostgeschäften zu kaufen), 2 × 200 g (2 große Packungen) Doppelrahm-Frischkäse, 2 Päckchen Vanillezucker, 4 El. Zucker, etwas Sherry

Garnitur: Einige Weintrauben oder Walnüsse

Käsegrillers

Die Bockwürstchen der Länge nach so einschlitzen, daß man die Käsestreifen einlegen kann, daß aber auch noch genügend Halt bleibt, um beide Enden mit je einer Speckscheibe zu umwickeln. In den Backofen schieben und übergrillen.

Mit Ketchup, Senf oder einer Joghurtsoße servieren. Sofort essen.

4 dicke Bockwürstchen, 4 schmale aber lange Streifen Käse, 8 Scheiben Frühstücksspeck

vor beständige Gesetz gehalten / sondern sie müssen entweder nach gestalten Dingen in suspenso gelassen / oder zu Zeiten wieder verringert und erhöhet werden. vid. 2. F. 27. §. 4. Sosson ad Consuet. Atrebat. art. 6. fol. 69. & Speidel. Spec. Jur. voc. Tax-Ordnung der Victualien. Und diese Verordnung ist auch in gewisser Maß / in der Bayrischen Lands-Ordnung / Tit. 28. §. 1. vers. Demnach an vielen Orten / ꝛc. cum seqq. beobachtet worden / als woselbst denen Bauers-Leuten vorgeschrieben wird / wie viel sie Mehn-Ochsen halten sollen / damit unter andern das Kühe-Vieh nicht abgehe / und die armen Leut auf dem Land nach Nothdurfft Butter und Schmaltz erzeugen / mithin selbiges in den Städten und Flecken desto mehr zum feilen Kauff auf die Märckt gebracht werden möge / welche Märck auch deßwegen einiger Orten / (weilen nehmlich unter andern Victualien das Schmaltz am häuffigsten dahin geführet wird.) Schmaltz-Märcke genennet werden. vid. Limnæ. tom. 1. in addit. ad L. 4. J. P. c. 8. n. 302. & Schweder. introd. ad Jus publ. p. Spec. sect. 1. c. 17. §. 18. Daß auch vom Butter und Schmaltz / wofern durch die Gewonheit vielleicht nicht etwas anders eingeführt worden / der Zehend zu reichen / ist aus dem l. 28. pr. ff. de usur. §. 38. J. de R. D. & cap. non est in potestate 22. X. de decim. erweißlich / Add. Rebuff tr. de decim. qu. 6. n. 33. & Werndtle. de Jure decimar. lib. 2. cap. 1. vers. Item, von der Milch und Haar / ꝛc.

Das LII. Capitel.

Von Käse machen.

Innhalt.

§. 1. Käse / woraus sie gemacht werden. §. 2. Wie gute Käse zu machen / wird aus der Prob gewiesen. §. 3. Sauberes Geschirr und gute Milch werden darzu recommendiret. §. 4. Arten / die Käse zu färben. §. 5. Bericht von den Oertern / da man / und wie man sie aufheben soll. §. 6. Was noch weiter dabey zu beobachten. §. 7. Mittel wider die Würmer und Maden.

§. 1.

Die Bauern theilen die Milch in drey Theil ab ; in die Molcken / oder Käse-Wasser / in den Raum / und in den Topffen. Aus diesem letztern werden die Käse gemacht : Dann / nachdem man den Raum abgeschöpfft / und zum Ausbuttern beyseits gestellt / so läst man insgemein die übrige Milch / die den Namen des Topfen führet / versauren / und wird alsdann / nachdem sie vorher noch bey einem kleinem Feuer / oder auf dem heissen Heerd zusammen gegangen / der Käs in kupfernen / höltzernen unten mit kleinen Löchern versehenen Formen / gar gemacht und verfertiget : Das Wasser aber / so durch die Löcher der Formen durchtropfft / wird die Molcken / Schotten oder Käse-Wasser genannt / und ist den Schweinen ein gutes Getränck.

§. 2. Die Herren Oeconomisten geben zwar unterschiedene Arten an / wie die Käse gut zu machen seyen / allein ich glaube / daß die wenigsten davon die Probe genommen haben / oder von andern nehmen lassen / dann ich befunde dieses daher / weil mir das wenigste von ihren Verschlägen in der Prob / nach ihrem Versprechen / hat gerathen wollen / deßwegen mag ich auch den geneigten Leser / mit ungewissen Sachen nicht verdrießlich seyn / sondern ich will ihm hier / statt eines weitläufftigen Geschwätzes / kurtz weisen und zeigen / wie ich mit umgegangen : Darvon ich ihm dann gute Versicherung über gute Käse geben kan. Die Renne / der Rogen / oder der Magen zum Labe ist erstlich also zu machen : Man nimmt den Magen von einem Kalbe / und klaubet den Käß / oder die Körner / die von der Milch darinnen sind / heraus / und wäschet ihn sauber und rein aus ; alsdann nimmt man den Käs / thut ein Löffelein des schönsten reinen Mehls daran / auch ein Ey nebst etwas Saffran / und einem Löffelein voll warmer Milch / wie sie von der Kuhe kommet : Dieses rühret man alles durch einander / und füllet es wieder in den sauber ausgewaschenen Kälber-Magen / darauf bindet man zu / und hencket ihn also zugebunden in den Rauchfang / läst ihn etliche Tag hencken / biß er sich schneiden läst wie ein Brod / so hat man dann die Renne fertig. Wann man nun gute Käse machen will / so schneidet man ein Stücklein von der erstgenannten Renne / leget solches in ein frisches Wasser / und lästs eine Nacht darinnen liegen. Von solchem Wasser nun schüttet man / nach seinem Bedüncken / doch weder zu viel oder zu wenig / in die kalte Milch / stellet sie am warmen Ofen / und läst es ohngefehr zwey Stunden stehen / so laufft die Milch zusammen ; wann sie alsdann zusamm geronnen / so rühret man sie um / und lästs wieder eine Zeitlang stehen / so wird sie zu rechtem Käse / da kan man dann die Molcke davon abgiessen. Darauf thut mans in Käse-Form / damit die übrige Molcke völlig abrinnen möge / man muß es aber nicht zu lang darinnen stehen lassen / damit sie nicht zu trocken werde / sondern nur irgend eine Viertel-Stund / alsdann nimm sie heraus / und reibe sie mit Saltz / auf beyden Seiten / unten und oben / nach deinem Gutdüncken / doch so / damit du sie nicht versaltzest / leg sie alsdann auf ein sauber Bret / und lasse sie an der Lufft trucknen / so ziehet sich das Saltz allmählig hinein. So lang sie nun trocknen / so lang kehre sie alle Tage um / so wirst du endliche gute Käse bekommen / du magst sie hernach von Küh- oder Geiß-Milch machen. Probatum est.

§. 3. Vor allem aber mag man sich / wo man gute Käse haben will / auf reine und saubere Geschirr befleissen / in denen man die Milch und den Topfen hat / und die Käse machen will. Dann wer hierauf nicht sehen will / der mag sich auch nicht beklagen / wo die Käse einen widrigen und bösen Geschmack annehmen. Hat man gute / raumige Milch zum Käse machen / so bekommt man auch bessere / schwerere und zärtere Käse darvon : Nur die einige Verdrießlichkeit ist darbey / daß die Käse von der raumigen Milch nicht gerne zusammen gehen wollen / daher muß man sehen / daß man gerad das Mittel treffe / und die Milch weder zu fett / noch zu mager nehme : will es aber auch da nicht gehen / wie es sollte / so muß das Knetten des Topfen das beste thun.

§. 4. Die Käse / je fetter sie sind / je weniger bleiben sie / und je leichter werden sie madig. Die Käse von

Amerikanische Dip-Party

In Amerika versteht man es, aus einer Abendeinladung, ohne große Arbeit, eine volle sogen. Fondue-Party im Sessel zu machen. Wollen Sie das auch mal probieren? Diese Art von Gastfreundschaft spricht Ihre Freunde bestimmt an. Wie Sie das arrangieren sollen? In verschiedenen Gläsern und Schälchen arrangieren Sie Soßen und Beigaben zum »Dippen«. Zunächst die Soßen:

1. Krabbensoße

1 großes Päckchen Doppelrahm-Frischkäse, etwas Sahne oder Vollmilch, 1 große Dose Krabben, 1 Tl. Dillspitzen

Den Frischkäse mit der Sahne und etwas Krabbenjus zu einer glatten Soße rühren. Die Krabben und den Dill in die Soße mengen. Wer einen intensiveren Krabbengeschmack liebt, kann die Krabben hacken und sie dann in die Soße geben.

2. Käse-Meerrettich-Soße

1 großes Päckchen Doppelrahm-Frischkäse, etwas Sahne oder Vollmilch, Meerrettich nach Geschmack

Den Frischkäse mit Sahne oder Milch zu einer glatten Soße rühren. Anschließend gibt man so viel geriebenen Meerrettich zu, daß die Soße schön scharf ist. Etwas eingedickt ist Käse-Meerrettich-Soße, wie auch alle anderen Dips, ein herzhafter und erfrischender Brotaufstrich.

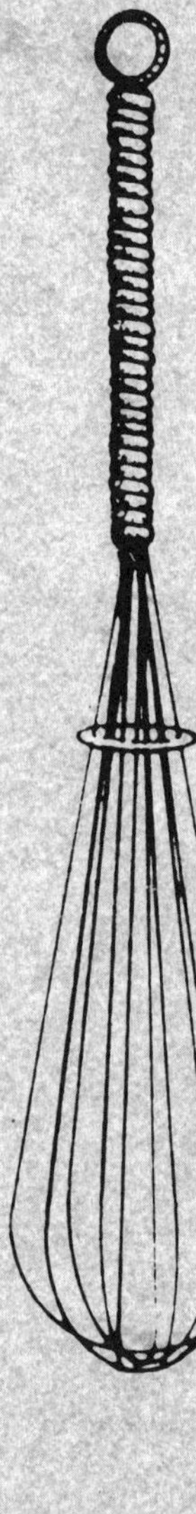

3. **Knoblauchsoße**
   200 g Doppelrahm-Frischkäse mit einer Prise Salz, mit 1 zerdrückten Knoblauchzehe und 1 ganz feingehackten Zwiebel verkneten, mit etwas Milch oder Sahne glattrühren.
4. **Paprikasoße**
   200 g Doppelrahm-Frischkäse mit etwas Sahne glattrühren und mit einigen gehackten Tomaten-Paprikastreife aus dem Glas vermengen.
5. **Kräutersoße**
   200 g Doppelrahm-Frischkäse, 1 Zwiebel, gehackter Dill, Schnittlauch und Petersilie nach Geschmack vermengen und mit Milch verrühren.

In Soßen »dippt« (stippt) man mittels Spießchen Kräcker, Bällchen aus gebratenem Gehackten, Cocktailwürstchen, Staudenselleriestengel und Blumenkohlröschen. Vielleicht variieren Sie auch mit Tomaten-, Gurken- und Paprikastreifen?

Gefüllte Tomaten

Von den Tomaten einen Deckel abschneiden und aushöhlen. Den Schinken feinwürfeln. Schinken, Butter, Eigelb, Käse, Petersilie und Paniermehl miteinander verkneten. Das Eiweiß zu steifem Schnee schlagen, unterheben und alles in die Tomaten füllen. Diese in eine feuerfeste, ausgefettete Form setzen, die Deckel der Tomaten auflegen und bei 225° etwa 15 Minuten backen lassen. Köstlich zu gegrilltem Fleisch.

8 Tomaten, 200 g Schinken, 80 g Butter, 3 Eier, 1 El. Petersilie, 4 El. geriebener Käse, 2 El. Paniermehl

Himmlische Pfirsiche

Die Früchte gut abtropfen lassen. Den Frischkäse mit etwas Pfirsichsaft und dem Zucker geschmeidig rühren und in einen Spritzbeutel füllen. Die Höhlungen der Pfirsiche damit turmartig zuspritzen. Die Ingwerpflaumen, den Sirup und die Mandeln darübergeben.

Köstlich als Nachtisch, aber auch zu Rehrücken oder Wildschweinkeulen eine interessante Beilage!

1 Dose Pfirsiche, halbe Früchte, 200 g Doppelrahm-Frischkäse, 1 Tl. Zucker, 2–3 gehackte Ingwerpflaumen in Sirup, 2 El. Ingwersirup, 40 g in Butter geröstete Mandelblätter

Aprikosen-Häppchen

1 Dose Aprikosenhälften, 2 Ecken Roquefort-Käse, etwas Sahne

Die Aprikosen abtropfen lassen und mit der Schnittfläche nach oben auf eine Platte legen. Den Käse mit Sahne zu einer Creme verrühren, in einen Spritzbeutel füllen und als Türmchen in die Aprikosenhälften spritzen.

Lecker zu Schwarzbrot, als Vorspeise oder mit Spießchen als Cocktailhäppchen!

Hüttenkäse, amerikanische Art

Den Käse abtropfen lassen und mit einer Gabel lockern. Die abgetropften Früchte unterheben und gut durchziehen lassen. Die Amerikaner essen dazu gekochte, kalt aufgeschnittene Zunge oder Roastbeef.

3 Becher Hüttenkäse, 1 kleine Dose (425 ml) Fruchtcocktail

Hüttenkäse, nordische Art

Den Käse abtropfen lassen und mit einer Gabel lockern. Die Krabben abtropfen lassen, das Wasser aber auffangen. Krabben und Käse mischen. Die Dillspitzen in etwas Krabbenjus einweichen und mit einer Prise Salz in den Salat mengen. Gut durchziehen lassen. Mit Dillspitzen überpudern.

3 Becher Hüttenkäse, 2 mittelgroße Dosen Krabben (am besten Grönlandkrabben), 1/2 Tl. getrocknete Dillspitzen, 1 Prise Salz

Käserouladen

Die Rouladen salzen und mit etwas Ingwerpulver einreiben. 3 Apfelsinen schälen und in Filets teilen. 3 Schmelzkäse in kleine Würfel schneiden, die Ingwerpflaumen ganz fein hacken. Die Rouladen jetzt mit Apfelsinen, Käse und Ingwer belegen und aufrollen. So zustecken, daß der Käse nicht herauslaufen kann. In Fett schön anbraten, mit Brühe ablöschen, und das Fleisch weichschmoren. Die Rouladen auf eine feuerfeste Platte legen, mit 1 Scheibe Schmelzkäse und einem Apfelsinenfilet belegen und kurz in den Backofen zum Überbacken geben. Dazu Safranreis reichen.

4 dünne Rouladen, 4 Apfelsinen, 4 Ecken Sahne-Schmelzkäse, 4 kleine Ingwerpflaumen, Salz, Ingwerpulver, Fett zum Braten, 1/4 l Brühe

Cordon bleu mit Käsesoße

1. Fleisch:
4 dicke Kalbsschnitzel, Salz, Pfeffer, 4 Scheiben gekochter Schinken, 4 Scheiben Schweizer Käse

2. Panade:
2 El. Mehl, 2 Eier, 4 El. Paniermehl, Fett zum Braten

3. Käsesoße:
40 g Butter, 40 g Mehl, 1 Zwiebel, 1/8 l Brühe, 1/4 l Milch, Salz, Fondor, Pfeffer, 75 g geriebener holländischer Käse, 2 Eigelb, 1/8 l Sahne, Worcestersoße

Vom Metzger in die Schnitzel Taschen schneiden lassen. Diese von innen und außen salzen und pfeffern. Je 1 Scheibe Schinken und Käse aufeinander legen und zusammenrollen. Diese in die Taschen füllen und mit Rouladennadeln zustechen. Die Schnitzel in Mehl, Ei und Paniermehl wenden und in Fett von beiden Seiten goldbraun braten.

Während der Bratzeit die Soße bereiten:
Die Butter mit dem Mehl und der gehackten Zwiebel hell anschwitzen, mit Brühe und Milch ablöschen und würzen. Aufkochen lassen. Den Käse, die Eigelb und die Sahne vermengen und in die heiße, aber nicht mehr kochende Soße rühren. Mit Worcestersoße abschmecken. Die Soße heiß halten, nicht mehr kochen lassen und über die Schnitzel geben.

Überbackene Zunge

Die gekochte Zunge noch warm abziehen und in Scheiben schneiden. Fächerförmig in eine gebutterte Auflaufform legen, mit Salz und etwas Pfeffer bestreuen. Den Käse mit soviel Sahne verrühren, daß eine cremige Masse entsteht. Diese über die Zungenscheiben streichen und bei 250 ° überbacken, bis eine braune Kruste zu sehen ist. Schmeckt gut zu Pommes frites und gedünsteten Pilzen.

1 gepökelte und gekochte Rinderzunge, Salz, Pfeffer, 2–3 Ecken Roquefort-Käse, 1/8 l Sahne

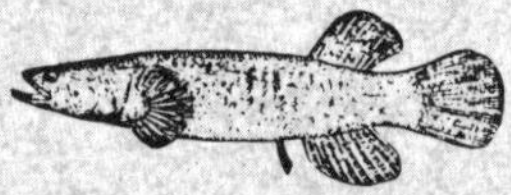

Überbackene Fischfilets

Die Filets 10 Minuten säuern, dann salzen, pfeffern und in der Pfanne kurz anbraten. In eine gebutterte, feuerfeste Form legen, mit Tomatenscheiben bedecken und mit Käsescheiben belegen. Unter dem Grill überbacken, bis der Käse zerläuft.

4 Fischfilets (Kabeljau, Schellfisch, Rotbarsch), Zitronensaft, Salz, Pfeffer, 4 Tomaten, 4 Scheiben Käse, Bratfett

Gratinierte Jakobsmuscheln

Die Zwiebel hacken und in etwas Butter glasig schwitzen. Mit Weißwein und Brühe ablöschen. Die Muscheln etwa 5–7 Minuten darin ziehen lassen. Sahne und Stärkemehl verquirlen. Die Soße damit binden. Mit Salz und Pfeffer abschmecken. In Muschelschälchen füllen. Die Eigelb verschlagen, den Käse einrühren und diese Käsemasse auf die Muscheln streichen. Im vorgeheizten Ofen goldgelb überbacken. Mit Stangenweißbrot eine ganz besondere Vorspeise!

Tip: Statt der Muscheln können Sie auch Krabben nehmen.

1 Päckchen tiefgekühlte Jakobsmuscheln, 1 Zwiebel, etwas Butter, 3 El. Weißwein, knapp 1/8 l Brühe, 3 El. saure Sahne, 2 Tl. Speisestärke, Salz, Pfeffer, 50 g geriebener Käse, 2 Eigelb

Prager Käseauflauf

Die Butter schmelzen. Das Mehl unter Rühren zugeben und anrösten. Mit Milch ablöschen und zu einer glatten Soße rühren. Ist sie ausgekühlt, gibt man die Eigelb hinein und den Käse und schmeckt mit den Gewürzen ab. Die Eiweiß zu Schnee schlagen und unterheben. Diesen lockeren Teig in eine gefettete Auflaufform füllen und bei 180° etwa 45 Minuten abbacken. Dazu Salate in Sahnesoße (s. S. 29) reichen.

100 g Butter,
125 g Mehl,
1/2 l Milch, 4 Eier,
200 g geriebener Käse,
1 Prise Salz, 1/2 Tl. Paprikapulver,
geriebene Muskatnuß,
etwas Fett für die Form

Quarkknödel mit Kirschkompott

Die Milch mit den Eiern verquirlen. Das Kloßpulver einstreuen und 10 Minuten quellen lassen. Danach Zucker, Zitronenschale und Hüttenkäse unterarbeiten. 2–3 l Wasser mit 2 Tl. Salz anreichern und zum Kochen bringen. Von der Kloßmasse walnußgroße Klößchen abstechen, in das kochende Salzwasser legen und in etwa 10 Minuten gar ziehen lassen. Mit Zimt und Zucker bestreuen und mit Kirschkompott zum Nachtisch essen.

Tip: Außerdem geröstete Mandelblätter darüberstreuen.

1 Päckchen Kartoffelklöße halb und halb,
3/8 l Milch, 2 Eier,
2 El. Zucker,
abgeriebene Schale von 1 Zitrone,
500 g Hüttenkäse,
Salzwasser, Kirschkompott,
Zimt-Zucker-Gemisch

Frühlingsbecher

Die Erdbeeren waschen. Den Stiel abschneiden, die Früchte in große Stücke schneiden. Mit Zucker bestreuen und Saft ziehen lassen. In Gläser 1 Schicht Hüttenkäse füllen, Erdbeeren daraufgeben und wiederum mit Hüttenkäse bedecken. Die Sahne steifschlagen und süßen. Unter die Sahne etwas Eierlikör ziehen. Den Becher damit abdecken.

Evtl. noch mit Schokoladenraspeln verzieren.

1 Becher Hüttenkäse,
250 g Erdbeeren,
2–3 El. Zucker, 1/8 l Sahne, etwas Eierlikör

7. ZUR SACHE MILCH

Nach dem allgemeinen Milchgesetz gilt als »Milch« heute ausschließlich Kuhmilch. Andere Milcharten müssen als Schafsmilch, Ziegenmilch usw. bezeichnet werden. Da die Milch die wichtigsten Nährstoffe, die der Mensch braucht, enthält, dient sie in besonderem Maße unserer Ernährung und Gesundheit:

1. Das Milcheiweiß enthält alle lebenswichtigen Aminosäuren.
2. Der Milchzucker liefert nicht nur Energie, sondern er fördert auch die Tätigkeit der Mikroorganismen im Darm. Er kann durch Milchsäurebakterien in Milchsäure umgewandelt werden, wodurch Sauermilch entsteht.

3. Die Mineralstoffe in der Milch enthalten das so wichtige Calcium und den Phosphor, Aufbaustoffe also für Knochen und Zähne.
4. Das Milchfett ist so gut bekömmlich und verdaulich, weil es bereits bei Körpertemperatur schmilzt.
5. Von den fettlöslichen Vitaminen sind vor allem das Vitamin A und eine Vorstufe des Vitamin D, ebenso das Vitamin B2 in der Milch enthalten.

Ist es da verwunderlich, daß Ernähungswissenschaftler und Hausfrauen immer neue Gerichte auf Milchbasis erfinden, damit man ihrer nicht überdrüssig wird, damit man einen so wichtigen Ernährungsfaktor nicht verliert?

Auch die Molkereien sind bemüht, durch ihr breites Angebot an verschiedenen Milchsorten, möglichst jedem das für ihn richtige Produkt anbieten zu können. Sie bearbeiten die Rohmilch durch Homogenisieren und Pasteurisieren. Beim Homogenisieren werden die Fettkügelchen so sehr zerkleinert, daß die Milch nicht so schnell aufrahmt. Beim Pasteurisieren wird die Milch keimfrei und damit haltbarer gemacht. Außerdem wird für ein gleichbleibender Fettgehalt gesorgt, der bei der normalen Trinkmilch 3,5 % beträgt.

Eine Ausnahme bildet da lediglich die Vorzugsmilch, die als »Rohmilch«, also unbehandelt, abgegeben wird. Besonders strenge Anforderungen werden da an den Gesundheitszustand der Vorzugskühe, an die laufende Überprüfung und Beschaffenheit der Milch und an den Gesundheitszustand des Pflegepersonals gestellt.

Sehr groß ist heute das Angebot an gesäuerten Milcherzeugnissen. Weil sie so bekömmlich und erfrischend sind, ist die Nachfrage besonders lebhaft und der pro-Kopf-Verbrauch steigt ständig. Gewonnen werden diese sogen. Sauermilchprodukte durch Hinzufügen von Milchsäurebakterien-Kulturen zur Milch. Die Sauermilchsorten sind entweder flüssig bis sämig, also trinkfähig oder dick und stichfest, wie z.B. die Dickmilch, aufbereitet. Die Buttermilch wird bei der Verbutterung der Sahne gewonnen. Joghurt dagegen wird mit spezifischen Gärungserregern versetzt, so daß er sich von den übrigen Sauermilchprodukten im Geschmack deutlich absetzt. Er wird sowohl trinkfähig als auch stichfest hergestellt. Der Fettgehalt schwankt zwischen 1,5 % und 10 %. Einen breiten Raum nimmt die Gruppe der Frischkäse ein: das sind Käsesorten ohne Reifung mit leicht säuerlichem Geschmack. Zu ihrer Gruppe gehören Speisequark, Schichtkäse, Rahm- und Doppelrahmkäse. Auch diese Käse werden durch das Versetzen der Milch mit Milchsäurebakterien-Kulturen gewonnen und sind je nach dem Fettgehalt milchigweiß bis gelblich. Durch Quarkseparatoren, die die früher üblichen Quarktücher und -säcke abgelöst haben, ist die Quarkgewinnung nicht nur wirtschaftlicher geworden, sondern auch hygienischer, weil das Erzeugnis von Beginn der Produktion an bis zum Fertigprodukt nicht mit Menschenhand in Berührung kommt. Die schnittfesten Käse, wie z.B. der Edamer, Tilsiter usw., müssen nach der Gewinnung von Frischkäse nach komplizierten, erfahrenen und oft wohlgehüteten Rezepturen noch einen Reifungsprozeß durchmachen. Er ist bei den einzelnen Sorten recht unterschiedlich. Hartkäse z.B. reifen in ihrer ganzen Masse, Weichkäse dagegen reifen von außen nach innen.

Durch die leichte Verderblichkeit und Lichtempfindlichkeit von Milch und Milchprodukten ist eine sorgfältige Behandlung und Lagerung im Haushalt nötig. Milchprodukte sollten möglichst kühl und dunkel aufbewahrt werden. Da sie leicht »Kühlschrankgeschmack« annehmen, ist es ratsam, sie abzudecken. Rohe Milch darf nicht an Säuglinge gegeben werden, ebenso keine fettreiche Milch.

8. REGISTER

1. MILCH

2. SAHNE

3. BUTTERMILCH SAURE SAHNE JOGHURT KEFIR

4. QUARK

5. BUTTER

6. KÄSE